Paris. — Imprimerie Bonaventure et Ducessois,
55, quai des Grands-Augustins.

AU LECTEUR.

———

Le temps des révélations paraît être à l'ordre
du jour : diverses brochures, tendant soi-disant
à dévoiler d'iniques mystères, viennent, succes-
sivement, de captiver l'attention du public; je
m'abstiendrai de toute réflexion sur ces opus-
cules, et je garderai de même un profond
silence sur leurs auteurs; *à chacun ses œuvres et
son passé.*

Mon but est d'éclairer mes concitoyens par la
vérité seulement. Je veux leur faire connaître les
nombreux intrigants qui, sous le masque du patriotisme, n'ont jamais agi qu'au profit de leur
ambition et de leur fortune. Je vais donc hardi-
ment soulever un coin de l'immense rideau qui
couvre encore aujourd'hui, malgré tout ce qui a
déjà été écrit sur ce sujet, les premiers actes de

MYSTÈRES DE L'HOTEL-DE-VILLE

RÉVÉLATIONS

de DREVET père,

PRÉSIDENT DES DÉLÉGUÉS DU PEUPLE

Faits et Actes inédits

DU GOUVERNEMENT PROVISOIRE
(FÉVRIER 1848.)

> « Le 24 février, après le combat, le peuple organisa ; les jours suivants, ses nouveaux chefs s'empressent par d'absurdes décrets d'ébranler la société. »
>
> *(Page 90.)*

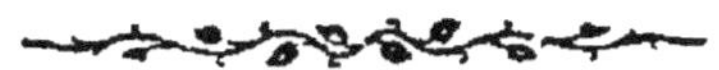

PARIS

CHEZ L'ÉDITEUR, RUE DU BATTOIR-SAINT-ANDRÉ, 24,

ET CHEZ TOUS LES LIBRAIRES.

1850

MYSTÈRES

DE

L'HOTEL-DE-VILLE

ces hommes aussi ambitieux qu'incapables qui, les premiers, furent proclamés chefs du gouverment le 24 Février. Président des Délégués du Peuple, j'ai vu beaucoup, et je puis mettre au jour bon nombre de faits restés jusqu'à présent dans la plus profonde obscurité.

Le vieux patriote Drevet n'est point aussi inconnu, des honnétes gens surtout, que veut bien le dire l'auteur d'une de ces brochures. Je ne sais trop pourquoi cet homme, que je n'ai jamais vu, me traite de *faubourien*, à moins qu'il n'entende par cette épithète un citoyen d'action et de cœur.

J'aurais fait paraître beaucoup plus tôt mes révélations, si je n'avais craint qu'on ne considérât ma brochure comme mobile électoral ; écrivant pour l'histoire, et pour l'histoire seulement, j'ai voulu être entièrement en dehors de toute fausse interprétation.

DREVET père.

RÉVÉLATIONS

de DREVET père

PRÉSIDENT DES DÉLÉGUÉS DU PEUPLE

Faits et Actes inédits

DU GOUVERNEMENT PROVISOIRE

(FÉVRIER 1848.)

J'aurais voulu ne point entretenir le public de moi ; mais après les brochures qui viennent de dévoiler tant de turpitudes, je suis forcé de parler de ma famille et de raconter, aussi brièvement que possible, comment et pourquoi je suis patriote. Il faut que mes lecteurs apprécient par mon passé la dose de confiance qu'ils peuvent accorder à mes révélations.

Fils d'un digne patriote, Jean-Jacques Drevet, qui jadis occupait deux cents ouvriers, j'appris de très-bonne heure à aimer mon pays, à l'aimer sans aucune arrière-pensée, c'est-à-dire sans égoïsme. En 1815, mon père, riche fabricant, sacrifia la plus grande partie de sa fortune pour venir en aide au gouvernement des Cent-Jours ; l'horreur qu'il ressentait au souvenir des trahisons de 1814, l'affreuse perspective de revoir les hordes barbares qui dévastèrent notre beau pays lui firent oublier entièrement ses intérêts et ceux de ses enfants pour ne voir que les dangers de la patrie ; il fit donc construire à ses frais la redoute Caroline, placée en avant de la barrière du Combat, et destinée à couvrir la route de Pantin. Ses ouvriers, secondant son patriotisme, lui offrirent gratuitement le concours de leurs bras, dévouement inutile : il était arrêté dans les destinées de la France qu'elle reverrait encore dans le sein de sa capitale les soldats de la Sainte-Alliance.

La seconde Restauration anéantit entièrement le commerce de mon père, qui fut obligé de se réfugier en Suisse, afin d'éviter la vengeance des royalistes d'alors. Il ne rentra en France que vers la fin de 1819 ; sa fortune n'était plus rien, et, de ses onze enfants, la plus grande partie fut obligée de choisir des états. Pendant son absence j'avais appris celui de gaînier, et je restai dans la maison Hémon, ex-gaînier du garde-meuble de la couronne, pendant trente-quatre ans.

En 1828, je fréquentais assidûment les réunions des patriotes d'alors ; là, comme en 1848, se faisaient remarquer de grands parleurs. Leurs péro-

raisons se terminaient toujours par celle-ci : « Les
« traités de 1815 sont un opprobre pour la France,
« et si jamais le peuple devient libre, le Gouverne-
« ment qu'il se choisira, devra les anéantir et reven-
« diquer immédiatement nos départements du Rhin:
« ce fleuve, disaient-ils, doit seul limiter notre puis-
« sance. » Pauvres sots que nous étions alors ! nous
ajoutions foi à ces belles tirades, nous sortions de
ces réunions pleins de confiance en leur patriotisme,
et nous serrant les mains nous nous disions : voilà
les hommes qu'il nous faut ; ceux-là, au moins, ne
nous tromperont pas !

Le 28 juillet 1830 nous combattions avec acharne-
ment et notre sang arrosait depuis longtemps de
nombreuses barricades. Un soleil ardent, joint à la
poudre qui nous restait sur les lèvres, brûlait nos
poitrines. Pendant ce temps, nos déchireurs de traités de 1815, réunis dans de beaux salons, se parta-
geaient déjà les pouvoirs, et prenaient le droit de
nous donner un chef.

Pauvre peuple ! quand donc deviendrons-nous
assez sages pour ne plus croire au patriotisme de ces
intrigants, qui déjà tant de fois nous ont mis en
avant et toujours trompés.

La révolution de 1830 et ses résultats sont trop
connus pour que j'ajoute quelque chose à ce qui a
déjà été dit et redit sur elle ; je rappellerai seulement à mes concitoyens qu'Odilon Barrot était à
cette époque un des plus grands patriotes, qu'il
fut par conséquent un des premiers ministres de

Louis-Philippe comme il l'a été de Louis-Napoléon. 5 Dès novembre 1847, je prévoyais une catastrophe. Le gouvernement avait pris à tâche de mécontenter le peuple, de graves discussions avaient animé la session ; dans les départements, les légitimistes travaillaient fortement les populations ; la *Gazette de France*, et les journaux, ses correspondants, jouant au patriotisme, demandaient à grands cris la réforme électorale. Leurs nombreux agents parcouraient les campagnes, expliquant aux populations des villages que leurs droits n'étaient point représentés, qu'eux aussi devaient avoir des délégués dans la Chambre, que seulement alors leur position deviendrait meilleure, et que pour arriver à ce but il leur était nécessaire d'adresser des pétitions à la Chambre, afin d'obtenir la révision de la loi électorale de 1831.

Les pétitions abondèrent, mais le ministère n'y répondit que par le plus profond dédain. A Paris, un comité s'organisa ; il fit appel au patriotisme des électeurs du département de la Seine, une pétition fut rédigée et bientôt couverte de signatures. Le banquet dit *de la Réforme électorale et parlementaire* fut organisé. Plus de quatre-vingts députés s'y rendirent. M. de Lasteyrie le présidait. Les toasts qui y furent portés auraient dû servir d'avertissement aux ministres de Louis-Philippe, les rendre plus prudents et moins dédaigneux. M. de Lasteyrie porta celui-ci : *A la Souveraineté nationale !* et dans un discours très-étendu il développa le besoin d'une réforme électorale.

Je crois qu'il est bon de rappeler ici au public que c'est dans ce banquet, vulgairement appelé *du Château-Rouge*, que M. Odilon Barrot prononça le fameux discours où il invoquait le patriotisme des populations, leur demandant de manifester leur opinion par des démonstrations de nature à ne laisser aucun doute au gouvernement.

Plus de cinquante villes répondirent immédiatement à cet appel ; toutes réclamèrent la réforme électorale, c'est-à-dire que partout *la Gazette de France* triomphait, elle, devenue si bonne, si patriote, désirant de si bon cœur et sans aucune arrière-pensée cette réforme qui, à elle seule, devait amener sur les bancs de la représentation nationale ces hommes sans valeur qui, quinze années avant, avaient eu l'audace de renverser le trône des petits-fils de Henri IV, anachronisme qui fait bien voir que pour les partis tous les moyens sont bons.

Ces premiers banquets étaient, selon moi, de rudes avertissements ; malgré toutes ces démonstrations, le ministère Guizot resta ferme et inébranlable. Le parti républicain, qui ne mettait encore en avant que ces messieurs des bureaux de *la Réforme* et du *National*, faisait peu de bruit. Quelques lignes du citoyen Marrast, jetées par-ci par-là dans les colonnes du *National* exprimaient bien le désir d'un changement quelconque, mais là se bornaient pour le moment toutes les ambitions qui plus tard devaient se réaliser en livrant le pouvoir aux mains de ces modernes Cincinnatus.

La session de 1848 allait s'ouvrir. Depuis plus d'un mois, nous attendions avec impatience cette réouverture. Vrais patriotes, amis de notre pays, nous espérions que le roi et ses ministres se feraient appuyer par la Chambre pour accorder en partie cette réforme électorale tant demandée. Nous espérions plus encore ; le roi, suivant nous, donnerait enfin satisfaction à la France en rayant le nom de Guizot de son ministère ; grande fut notre surprise quand, au lieu du renvoi de l'homme de Gand, nous lûmes dans le discours du roi une phrase qui n'était rien moins qu'un reproche virulent adressé aux députés qui s'étaient rendus aux réunions réformistes.

. Les premières discussions de la Chambre ne changèrent en rien les dispositions du Gouvernement : elles nous conduisirent seulement au Banquet monstre du 12ᵉ arrondissement. Paris devait, le 19 janvier, manifester dans cette grande réunion composée de députés, de quelques pairs, et de nombreux électeurs, le désir de voir le roi et son ministère prendre enfin en considération les pétitions qui toutes demandaient la réforme électorale.

Le préfet de police défendit ce banquet. Ce refus peut être regardé à juste titre comme une des principales causes de l'irritation qui, plus tard, devait amener le peuple derrière les barricades. Je sais que lorsque nous apprîmes ce refus, pas un de nous ne douta de ce qui est arrivé, et ce qui nous étonne le plus aujourd'hui, c'est que les ministres de Louis-

Philippe ne furent point aussi clairvoyants que nous, pauvres prolétaires.

C'était le mardi, 22 février, que devait définitivement avoir lieu le Banquet du 12ᵉ arrondissement ; grâce aux chemins de fer, le gouvernement s'était mis en mesure : Paris contenait une forte et imposante garnison. De son côté, le comité directeur du banquet ne s'était point endormi ; il avait fait appel à la garde nationale : celle-ci devait se réunir sans armes, mais en uniforme, et se joindre à cette gigantesque manifestation. Le ministère comprit la portée que pouvait avoir une telle démonstration ; pour la seconde fois il défendit ce Banquet. Le préfet de police ne perdit point un instant, il fit afficher sur tous les murs de Paris la proclamation suivante :

« HABITANTS DE PARIS,

« Une inquiétude qui nuit au travail et aux affaires règne depuis quelques jours dans les esprits. Elle provient des manifestations qui se préparent. Le gouvernement, déterminé par des motifs d'ordre public qui ne sont que trop justifiés, et usant d'un droit que les lois lui donnent, et qui a été constamment exercé sans contestation, a interdit le banquet du 12ᵉ arrondissement.

« Néanmoins, comme il a déclaré, devant la Chambre des Députés, que cette question était de nature à recevoir une solution judiciaire, au lieu de s'opposer par la force à la réunion projetée, il a pris la résolution de laisser constater la contravention, en permettant l'entrée des convives dans la salle du banquet, espérant que ces convives auraient la sagesse de se retirer à la première sommation, afin de ne pas convertir une simple contravention en un acte de rébellion. C'était le seul moyen de faire juger la question devant l'autorité suprême de la Cour de cassation.

« Le gouvernement persiste dans sa détermination ; mais le manifeste publié ce matin par les journaux de l'opposition annonce un autre but, d'autres intentions : il élève un gouvernement à côté du véritable gouvernement du pays, de celui qui est institué par la Charte et qui s'appuie sur la majorité des Chambres ; il appelle une manifestation publique, dangereuse pour le repos de la cité ; il convoque, en violation de la loi de 1831, les gardes nationaux, qu'il dispose à l'avance en haie régulière, par numéro de légion, les officiers en tête. Ici aucun doute n'est possible, de bonne foi ; les lois les plus claires, les mieux établies, sont violées. Le gouvernement saura les faire respecter ; elles sont le fondement et la garantie de l'ordre public.

« J'invite tous les bons citoyens à se conformer à ces lois, à ne se joindre à aucun rassemblement, de crainte de donner lieu à des troubles regrettables. Je fais cet appel à leur patriotisme et à leur raison, au nôm de nos institutions, du repos public et des intérêts les plus chers de la cité.

« Paris, le 21 février 1848.

« Le pair de France, préfet de police,

« GABRIEL DELESSERT. »

Le 22, de bonne heure, un de mes amis, qui demeurait comme moi dans la Cour du Harlay, vint me prévenir que les étudiants se réunissaient sur la place du Panthéon, et que, malgré la défense faite par l'autorité, ils allaient se rendre à la Madeleine, premier lieu du rendez-vous désigné, et de là aux Champs-Élysées, où le banquet devait avoir lieu dans une propriété du général Thiars : cette bouillante jeunesse ne pouvait croire au peu de courage des députés et des électeurs, qui, après avoir fait appel à leur patriotisme, les abandonnaient si facilement aux vengeances du gouvernement et aux brutalités de la police.

Nous les suivîmes ; pendant le trajet du Quartier-Latin à la Madeleine, leur colonne grossit considérablement : plus de deux mille ouvriers vinrent se joindre à eux, et lorsque nous arrivâmes au coin de la rue Royale, il y avait déjà de nombreuses députations des faubourgs qui attendaient aussi l'arrivée des commissaires du banquet. L'opinion générale était que les députés *surtout* braveraient la défense faite et affichée par M. Gabriel Delessert. C'est ici, je crois, le moment de rappeler les courageuses paroles de M. de Lamartine ; interrogé s'il persisterait à aller au banquet : « Devrais-je y aller seul avec mon ombre, je ne reculerais pas. »

Je trouvai, au coin de la rue Duphot, plusieurs de mes amis : ils m'apprirent que le maréchal Bugeaud était nommé gouverneur de Paris. Cette nomination était significative, et, selon nous, un duel à mort entre le gouvernement et le parti de l'opposition devait en être la suite inévitable.

Il était alors près de dix heures, des masses de curieux débouchaient par toutes les issues. Une agitation extrême se remarquait sur tous les visages. Bientôt toutes ces masses apprirent que les députés, ainsi que les électeurs, avaient renoncé au banquet et qu'il n'aurait pas lieu. C'est alors que des cris de : *Vive la réforme! A bas les traîtres!* partirent de tous les points. Ces clameurs étaient tellement stridentes qu'elles dénotaient un mécontentement général et vivement ressenti. Les habitants de la banlieue surtout s'exprimaient d'une manière tellement énergique qu'on pouvait déjà pressentir que plus tard ils se porteraient à des voies de fait. Une députation se détacha de tous ces groupes et se dirigea vers le domicile de M. Odilon Barrot, désigné plus particulièrement à la vindicte publique comme trahissant le peuple. Cette députation était composée d'étudiants et d'ouvriers. Les premiers se chargèrent de porter la parole. Odilon Barrot s'excusa, alléguant sa position de député qui lui défendait de se montrer ostensiblement en opposition aux règlements de police ; il conseilla cependant chaleureusement aux étudiants d'adresser immédiatement une pétition à la Chambre afin de demander la mise en accusation des ministres : « Nous allons de notre côté, leur « dit-il, en faire autant ; ne perdez donc point « un instant. » Cette députation se retira peu édifiée, il est vrai, du courage et du patriotisme de l'ex-ministre de 1830 ; néanmoins elle suivit son conseil.

En revenant vers la rue Royale, nous nous aperçûmes facilement que le Gouvernement commençait à comprendre la gravité des choses ; des troupes prenaient position à l'entrée de toutes les principales rues. Nous retournâmes au café Durand, point de ralliement des membres de l'opposition ; cet établissement était littéralement envahi, il nous fut impossible d'y entrer ; nous résolûmes alors de rebrousser chemin et d'aller voir ce qui se passait dans les autres quartiers. Partout la même animation existait ; des rixes sanglantes avaient déjà eu lieu dans le quartier du Marais ; sur la place de la Bastille, on n'avait point cessé un instant de se battre. Ces combats partiels se terminèrent avec le jour.

Le peuple mit à profit la nuit du 22 au 23. Sur quelques points de Paris il éleva de formidables barricades. Dès le petit jour, des colonnes de patriotes descendirent des faubourgs. De son côté, l'autorité fit enfin battre le rappel pour la garde nationale. Je ne raconterai point les événements de cette journée, ils sont encore trop près de nous pour qu'on les ait oubliés; je dirai seulement qu'ayant parcouru tout Paris, je ne rencontrai dans les rangs des combattants aucun des hommes qui, le lendemain, devaient s'ériger en vainqueurs et se partager les places et les honneurs.

Louis-Philippe avait enfin consenti au renversement de son ministère; cette nouvelle fit à l'instant même cesser tout combat : une illumination spontanée témoigna de la satisfaction du peuple. Il était plus de dix heures : j'allais rentrer chez moi, heureux et satisfait de cette détermination du roi, lorsqu'un homme, passant à côté de nous et qui semblait fuir un grand danger, nous cria tout en courant : « Aux armes, citoyens! on égorge les nôtres « au ministère des affaires étrangères! plus de deux « cents personnes viennent d'y être tuées. » Il nous fut impossible de comprendre le reste de ce qu'il nous disait, et il était déjà loin de nous lorsque nous revînmes de notre stupéfaction. Immédiatement nous retournâmes sur nos pas, et bientôt nous fûmes au courant de ce qui se passait; nous comprîmes qu'il ne nous restait plus qu'à tranquilliser nos familles et à combattre, puisqu'il n'y avait plus d'espoir de voir les choses se terminer autrement que par la force des armes.

La nuit du 23 au 24 fut pour moi et mes amis d'une longueur mortelle. Enfin, ce jour, qui devait prendre place parmi les plus remarquables de notre histoire, vint éclairer les nombreux préparatifs de défense et d'attaque élevés sur tous les points de Paris.

Il n'y avait plus à balancer : il fallait, sans perdre un moment, élever une digue assez forte pour résister aux premières colères du peuple ; en moins de deux heures je traversai les principaux quartiers : c'est dans ce parcours que je vis, sur la place du Palais-Royal, le citoyen Flocon ; il s'était enfin décidé à prendre les armes ! Il faut dire qu'alors tout était pour ainsi dire terminé.

Je me dirigeai au pas de course vers l'Hôtel-de-Ville ; une nombreuse colonne de citoyens me suivait, tous bien décidés à me seconder et à s'opposer à toute tentative de désordre ou de dévastation ; c'est à leur tête que j'entrai à l'Hôtel-de-Ville ; au même moment M. de Rambuteau en sortit.

Après avoir adressé une chaleureuse allocution aux braves citoyens qui m'avaient promis de me seconder, je leur proposai de s'organiser immédiatement en garde civique ; cette proposition fut accueillie avec acclamation : ils jurèrent tous de maintenir l'ordre au péril de leur vie et de sauvegarder de même tout ce que l'Hôtel-de-Ville pouvait contenir de précieux. Nous étions tous armés ; sans plus tarder je distribuai à ces braves citoyens tous les postes qu'il me parut nécessaire d'établir [1].

---

[1] Ils étaient au nombre de treize, savoir :

1er Le poste des Délégués (permanence.)
2e Poste des Délégués (galerie.)

Ce qu'il y avait de mieux à faire après les mesures que je venais de prendre était de nous emparer des poudres et des armes que contenait l'hôtel, et de placer le tout en lieu de sûreté. C'est ce que je fis. *Le grand Poste* installa ses factionnaires aux portes des caisses, des archives et du matériel.

Il était grand temps que nous prissions ces précautions. Un envahissement des plus regrettable venait d'avoir lieu : une masse de ces hommes qui heureusement n'appartiennent à aucune classe du peuple, mais à ces êtres qui savent profiter de toutes les occasions où la police ne peut plus rien, forcèrent nos factionnaires, et, sous le vain prétexte de chercher des armes, dévalisèrent complétement la cave et une partie du logement du concierge Pâris. Cet

---

3e Poste dit du corridor des Archives. Je
le fis occuper par . . . . 20 hommes.

4e Poste de la salle des morts. 19

5e Entrée principale. 11

6e De la porte du Préfet. 14

7e Des écuries. 4

8e Grand poste. 91

9e Des Archives. 19

10e Du Secrétariat général. 9

11e Du Gouvernement provisoire. 7

12e De l'orangerie. 7

13e De l'artillerie. 23

homme, aussi courageux qu'estimable, avait quitté son poste pour nous indiquer tous les endroits qu'il était utile de garder; c'est pendant qu'il remplissait ce devoir d'honnête homme et qu'il oubliait ses propres intétêts pour ne songer qu'à sauver les propriétés nationales, que ces misérables dévastèrent son domicile. Ayant appelé à mon aide le grand poste, cette troupe de malfaiteurs prit la fuite; et je ne pus en faire arrêter aucun.

Au moment où je venais de faire poser la dernière sentinelle, le citoyen Demarchelier, concierge de la porte dite *du préfet*, vint me confier qu'il avait fait cacher dans divers endroits cinquante-neuf gardes municipaux; ce brave citoyen tremblait pour leur vie et paraissait assez inquiet de ce qui pourrait lui arriver si le peuple les découvrait. Je le rassurai: aidé de lui et du citoyen Percepied, nous parvînmes à les réunir tous dans les bureaux de la caisse d'épargne; après leur avoir fait couper leurs moustaches, nous les invitâmes à se cotiser entre eux pour leur procurer des blouses, pantalons et casquettes. Au risque de ce qui pourrait lui advenir, le citoyen Percepied alla lui-même leur acheter chez divers marchands du quartier ce qui lui parut nécessaire à les déguiser complétement. Nous eûmes le bonheur de sauver ces militaires de l'irritation populaire, et c'est avec joie aujourd'hui que je me rappelle avoir contribué à cet acte de véritable fraternité, qui certainement n'avait rien de commun avec celle qui devait le lendemain barbouiller tous les murs de Paris.

Il y avait près d'une heure que Garnier-Pagès était entré à l'Hôtel-de-Ville, lorsque Ledru-Rollin y arriva de son côté : le peuple fit pour lui ce qu'il n'avait point fait pour le premier; de toutes part on entendit crier : « Voilà Ledru-Rollin ! Place ! place ! ouvrez vos rangs. » Celui-là possédait sa confiance, tandis qu'au nom de Garnier-Pagès, le peuple répondait : « Ce n'est pas le bon, il est mort.»

Avant d'entrer, Ledru-Rollin voulut remercier le peuple; on le fit monter sur une table ; le puissant orateur n'en descendit que couvert d'applaudissements. En peu de phrases il avait appris au peuple sa victoire et les noms des membres du Gouvernement Provisoire.

Les autres membres du Gouvernement nommés à la chambre ne tardèrent point à arriver.

Le factionnaire placé à l'entrée principale fit avertir son chef de poste qu'un mouvement tumultueux agitait la masse des curieux agglomérés autour de l'hôtel; j'envoyai aussitôt aux renseignements: j'appris que c'était le gouvernement provisoire qui venait prendre possession de l'Hôtel-de-Ville. Avec beaucoup de peine il se frayait un passage. Parvenu à faire son entrée, ce gouvernement, composé des citoyens Dupont (de l'Eure), Lamartine, Crémieux, Arago, Ledru-Rollin et Marie, s'installa d'abord dans la salle du conseil municipal, ensuite dans un cabinet attenant à celui du préfet; ne pouvant y délibérer tranquillement, ils se retirèrent dans celui de

M. Parent, secrétaire-général de la préfecture de la Seine [1].

---

[1] **NOTES DE M. PARENT,**

Secrétaire général de la Préfecture de la Seine,

TROUVÉES SUR SON BUREAU.

Vendredi 18.—La question du Banquet réformiste prend chaque jour plus de gravité.

Samedi 19.—Les journaux de l'opposition annoncent que le Banquet aura lieu mardi 22 courant; le lieu n'est pas indiqué.

Dimanche 20.—Les journaux de l'opposition annoncent que la manifestation politique aura lieu mardi, à midi, rue de Chaillot, aux Champs-Élysées. La préoccupation publique est toujours grande sur les résultats de cette démarche, au moins imprudente.

Lundi 21.—Pendant la journée, la préoccupation a été grande dans Paris; un article des journaux de l'opposition convoquait pour demain les gardes nationaux et tous les citoyens à la manifestation politique annoncée; le Gouvernement s'est ému, avec raison, de cet article : il a pris de grandes mesures de sûreté; il a publié des proclamations, et, à la Chambre, des explications ont eu lieu entre M. Odilon Barrot et le ministre de l'intérieur. A l'issue de la séance, les députés de l'opposition ont reconnu que le Banquet pouvait amener une grande collision; ils y ont renoncé; le journal *la Patrie* l'a annoncé dans la soirée.

Mardi 22.—Nous nous entretenons de la situation de Paris et de l'élection de Mayence. En me rendant à l'Hôtel-de-Ville, j'ai suivi le boulevart de la Madeleine où des masses de population étaient déjà réunies; sur le quai, il y avait

Pendant que ces premiers chefs de la France cherchaient à s'installer convenablement, un second

---

moins de monde ; de midi à une heure, il a fallu ordonner des charges de cavalerie pour dissiper les attroupements qui menacent surtout le ministère des affaires étrangères. J'a envoyé chercher mon habit d'uniforme.

La journée est remplie de tumulte ; des masses de curieux surtout et d'émeutiers encombraient toutes les rues ; j'ai eu grand'peine à regagner ma demeure. Le soir, c'était plus calme dans le quartier Saint-Honoré ; le mouvement s'était dirigé vers les faubourgs.

Mercredi 23.—Après une nuit agitée par de nombreuses tentatives de désordre, aussitôt réprimées, la journée se présente sous un aspect menaçant ; toutes les rues du centre sont encombrées ; les boutiques sont fermées, des barricades sont essayées et aussitôt enlevées. Je suis arrivé à l'Hôtel-de-Ville, rempli et entouré de troupes, garde nationale et garnison ; j'y ai couché, et la nuit a été remplie d'émotions de tout genre. Je suis content de mon état moral ; je trouve un profond intérêt à être témoin de ce grand mouvement populaire qui aura, pour résultat probable, un changement dans la forme du gouvernement. A trois heures après midi on a annoncé la retraite du ministère et formation d'un nouveau cabinet sous la présidence de M. Molé. Cette concession ne suffira pas, elle arrive trop tard. Toute la nuit, nous avons été comme dans une place assiégée : quel pauvre général on nous a donné !

Jeudi 24.—La pendule marche à pas de tortue, les événements courent à pas de géant. Vers huit heures du matin, la situation de l'Hôtel-de-Ville était excellente ; il était permis de penser que la seconde concession faite par le pouvoir, qui venait de confier la formation du ministère à gouvernement provisoire se présenta à la grille d'entrée, c'était celui nommé par le comité de la *Réforme* et du *National.* Il se composait d'Armand Marrast, de Louis Blanc et des citoyens Flocon et

---

MM. Thiers et Barrot, satisferait la garde nationale et qu'elle ferait cause commune avec la troupe pour réprimer le désordre. Erreur ; la milice citoyenne a fraternisé avec les hommes de l'émeute ; la ligne a été facilement entraînée et l'autorité a été désarmée. A mon avis, MM. de Rambuteau et le général Sébastiani auraient pu montrer quelque vigueur ; ils ne l'ont pas fait ; ils ont abandonné l'Hôtel-de-Ville à quelques membres du conseil municipal, qui, avec le concours de plusieurs officiers de la garde nationale et cinq ou six élèves de l'École Polytechnique, ont installé une commission de gouvernement. Seul de l'autorité légale, je suis resté à mon poste, que je ne quitterai qu'à la dernière extrémité.—Deux heures. Presque tout l'Hôtel-de-Ville est envahi ; des gardes nationaux et des émeutiers occupent la grande salle du Trône, ils ont arboré un drapeau rouge ; les cris de vive la République! à bas Louis-Philippe sont proférés aux fenêtres et répétés par la foule assemblée sur la place : de temps en temps, j'entends des coups de feu ; je suis sans nouvelles du dehors ; il est trois heures. Le Palais-Royal est dévasté, les Tuileries sont prises d'assaut et saccagées ; le roi, la reine et leur famille se sont réfugiés à la Chambre des députés. Je suis invité à pourvoir à ma sûreté personnelle : M. Odilon Barrot a pris possession du ministère de l'intérieur ; M. Garnier-Pagès est venu s'installer à l'Hôtel-de-Ville : on vient de courir sur les gardes municipaux qui traversaient, en se sauvant, la place de l'Hôtel-de-Ville ; c'était horrible à voir. Trois heures et demie.

Albert. Ces quatre personnages furent introduits près des membres du premier gouvernement provisoire. Ceux-ci, après une légère discussion, voulurent bien, pour tout concilier, s'adjoindre les nouveaux venus en qualité de secrétaires ; *premier acte de faiblesse de nos nouveaux gouvernants*, qui donna lieu à la proclamation suivante :

RÉPUBLIQUE FRANÇAISE.

AU NOM DU PEUPLE FRANÇAIS.

PROCLAMATION du GOUVERNEMENT PROVISOIRE, AU PEUPLE FRANÇAIS.

Un Gouvernement rétrograde et oligarchique vient d'être renversé par l'héroïsme du Peuple de Paris. Ce Gouvernement s'est enfui en laissant derrière lui une trace de sang qui lui défend de revenir jamais sur ses pas.

Le sang du Peuple a coulé comme en Juillet, mais cette fois ce Peuple généreux ne sera pas trompé. Il a conquis un Gouvernement national et populaire en rapport avec les droits, les progrès et la volonté de ce grand et généreux Peuple.

Un Gouvernement provisoire, sorti d'acclamation et d'urgence par la voix du Peuple et des Députés des départements dans la séance du 24 Février dernier, est investi momentanément du soin d'assurer

et d'organiser la victoire nationale ; il est composé
de

MM. Dupont (de l'Eure),
Lamartine,
Crémieux,
Arago, de l'Institut,
Ledru-Rollin,
Garnier-Pagès,
Marie.

Le Gouvernement a pour secrétaires :

Armand Marrast,
Louis Blanc,
Ferd. Flocon,
Albert, ouvrier.

Ces citoyens n'ont pas hésité un instant à accepter la mission patriotique qui leur était imposée par l'urgence. Quand la capitale de la France est en feu, le Gouvernement Provisoire est dans le salut public ; la France entière le comprendra, et lui prêtera le concours de son patriotisme. Sous le Gouvernement populaire que proclame le Gouvernement Provisoire, tout citoyén est magistrat.

Français, donnez au monde l'exemple que Paris donne à la France : préparez-vous par l'ordre et la confiance en vous-mémes aux institutions fortes que vous allez être appelés à vous donner.

Le Gouvernement Provisoire veut la RÉPUBLIQUE, sauf ratification par le Peuple, qui sera immédiatement consulté sur la forme définitive du Gouvernement de la nation que proclamera la souveraineté du Peuple.

L'unité de la Nation, formée désormais de toutes les classes de citoyens qui la composent; le Gouvernement de la Nation par elle-même, la liberté, l'égalité et la fraternité pour principe, le Peuple pour devise et pour mot d'ordre, voilà le Gouvernement démocratique que la France se doit à elle-même, et que nos efforts sauront lui assurer.

Les Membres du Gouvernement provisoire,

Signé : Dupont (de l'Eure),
Lamartine,
A. Crémieux,
Garnier-Pagès,
Marie,
F. Arago.

Armand Marrast,
Louis Blanc,
Ferd. Flocon,
Albert, ouvrier, } *Secrétaires.*

Pendant les pourparlers de ces deux gouvernements, nous ne perdîmes pas notre temps. Sur une motion appuyée par plusieurs citoyens marquants dont quelques-uns sont aujourd'hui haut placés, il fut décidé que pour contrebalancer le pouvoir des hommes qui venaient de s'imposer à la nation, il était de la plus grande urgence de leur en opposer un autre beaucoup plus fort, *celui du peuple*. Quatorze délégués furent choisis ; le titre de président me fut décerné à l'unanimité « à cause de la pru- « dence que je n'avais cessé de déployer depuis mon « entrée à l'Hôtel-de-Ville et en récompense de ma « conduite. » (Telles furent les paroles qui accompagnèrent ma nomination.) Tout ceci se passait dans le cabinet du préfet, c'est-à-dire à côté du Gouvernement Provisoire.

Avant d'entrer en fonctions, nous voulûmes connaître l'étendue de la mission qui nous était confiée ; nous devions assister à toutes les délibérations du nouveau gouvernement, en faire connaître immédiatement au peuple les résultats, veiller à ce que la République fût proclamée sans arrière-pensée, exiger qu'avant d'enterrer les corps des citoyens morts en combattant pour la liberté, leur identité fût dûment reconnue, ne point permettre qu'ils fussent conduits isolément au cimetière, mais que leurs dépouilles mortelles reçussent ensemble des honneurs funèbres dignes de la nation ; enfin, de surveiller toutes les dépenses qui seraient faites, tant pour la nourriture des citoyens préposés à la garde de l'Hôtel-de-Ville que partout ailleurs, ainsi que celles indispensables et imprévues.

Les délégués entrèrent aussitôt en fonctions en faisant évacuer les appartements supérieurs ; ils adoptèrent pour eux le cabinet de M. de Rambuteau.

Ici je m'arrête, et prie mes lecteurs de réfléchir un moment à la figure que devaient faire les hommes de la *Réforme* et du *National*, eux qui disaient si bien la veille; « le peuple travaille pour *nous*, il sera souverain, il est vrai, mais nous le gouvernerons. » Et les voilà, par la volonté de ce même peuple, assujettis à un contrôle incessant.

Cependant, ne voulant point entraver la marche administrative, je fis comprendre aux délégués que nous pouvions nous abstenir de siéger à côté des membres du Gouvernement, et qu'il suffirait, pour les intérêts du peuple, que tous ses actes passassent par nos mains avant d'être rendus obligatoires.

Aussitôt la proclamation de la République, le peuple voulut absolument voir tous les membres du Gouvernement. Une députation venue du milieu de la place me fit appeler ; elle me manifesta le désir de parvenir jusqu'à la salle où siégeait le nouveau pouvoir. « Nous avons été tant de fois trompés, me dirent ces braves citoyens, que nous voulons nous assurer par nous-mêmes si vraiment cette fois nos intérêts sont en bonne main ; il faut, me dit l'orateur de cette députation, que ces citoyens-là nous parlent en face avant de nous commander et qu'ils nous disent ce qu'ils ont sur le cœur. » Je me rendis à leur demande ; j'en fis entrer une douzaine et montai à leur tête le grand escalier ; je les priai de m'attendre cinq minutes dans le grand corridor et fis connaître aux membres du Gouvernement le désir du peuple. Aussitôt M. de Lamartine quitta la séance et se rendit près de la députation qu'il invita à le suivre sur le péron de l'hôtel. Je ne puis m'empêcher de transcrire ici les belles paroles qu'il adressa à cette foule inquiète et mugissante.

« Amis, dit-il, victoire ! victoire ! vous avez défi-
« nitivement conquis en trois heures tous les droits
« du citoyen et de l'homme libre, et si un pouvoir
« aveugle et impie voulait encore profiter de l'om-
« bre de la nuit pour vous les ravir, vous sauriez
« bien les défendre ! Martyrs et combattants de ce
« grand jour, soyez remerciés, au nom de la patrie,
« au nom du monde ! »

Malgré cette éloquente allocution, il lui fut adressé une question qui prouvait combien le peuple était partout sur ses gardes et méfiant.

—Etes-vous un véritable républicain ? lui dit un homme du peuple. Vous qui parlez si bien, quels sont donc vos desseins ? Ne cherchez-vous pas à nous endormir pour mieux nous tromper ? Sachez que nous n'avons pas oublié 1830, et que si nous chassons le roi que Lafayette nous a donné, ce n'est pas pour en reprendre un autre. Malheur à vous et à ceux qui, sous le nom de République, chercheraient à nous ramener Henri V ou la Régence !

—Non, répondit fièrement Lamartine, dont le visage exprimait le froid courage ; non, nous vous sommes dévoués à jamais, nous sommes fiers de votre triomphe et nous vous appartenons corps et âme[1].

— A la bonne heure, répondit l'interlocuteur, crions donc ensemble vive la République !

La députation, qui était restée derrière Lamartine, le reporta en triomphe dans la salle du Gouvernement.

A peine les cinquante-neuf gardes municipaux que nous avions déguisés venaient-ils de partir qu'une foule compacte de citoyens se présenta et força les premiers factionnaires. Arrivée aux deux tiers du grand escalier, cette masse d'hommes se disant être une députation se trouva arrêtée dans sa marche ; la garde civique leur barra le passage en croisant les fusils. Je fis avertir au plus vite le Gouvernement ; M. de Lamartine accourut immédiatement à notre secours ; il voulut leur adresser la parole ; mais un homme d'une taille herculéenne, porteur d'une barbe d'un blond douteux, insulta d'une manière très-grave ce membre du Gouvernement Provisoire ; une autre voix sortie du groupe de ces exaltés cria : « Il nous faut la tête du maire de Paris, nous la voulons !

---

[1] Je crois rapporter ici textuellement les nobles paroles de ce courageux citoyen ; si je me trompe, je suis bien excusable. Les émotions étaient tellement grandes et se renouvelaient si souvent qu'il est presque impossible que je me souvienne exactement de tout ce qui a été dit et fait dans ces remarquables journées.

vous n'êtes tous que des traîtres qui voulez escamoter la République.» — «*Vous voulez ma tête*, dit M. de Lamartine, *eh bien, moi, je voudrais vous la voir sur les épaules, car alors vous seriez beaucoup plus calmes.*» Hors de moi, et indigné, je sortis mon sabre, et me portant vers l'individu qui venait de prononcer d'aussi indignes paroles, je le menaçai de lui couper la figure s'il continuait ses menaces ; ce fut alors qu'un coup de pistolet, parti des rangs de cette foule, vint frapper au visage un jeune citoyen placé à la droite de M. de Lamartine, et lui enleva une partie du nez. Pour la première fois, je fus à même de juger du courage et de la rare fermeté de l'auteur des *Girondins*.

Il m'est impossible de me rappeler tout ce qui se passa pendant la nuit du 24 au 25 : à tout moment des envahissements nouveaux venaient troubler les travaux d'organisation dont s'occupaient les membres du nouveau pouvoir : c'était une lutte incessante entre les hommes qui voulaient régulariser immédiatement et ceux qui prétendaient continuer la Révolution.

Je venais d'installer les derniers postes de nuit et de prendre toutes les mesures de sûreté nécessaires, quand on vint me prévenir que des délégués des réunions politiques nommés par acclamation sur la voie publique venaient demander à être présentés au Gouvernement Provisoire. Je les fis entrer. Voici à peu près le langage que tint celui qui s'était chargé de porter la parole :

« Persuadé que vous ne vous êtes placés à la tête
« du gouvernement que dans l'intention d'escamo-
« ter la Révolution et de ne point proclamer la Ré-
« publique, nous venons nous installer en perma-
« nence auprès de vous. »

Surpris de cet étrange langage, je crus devoir
prendre la parole et faire connaître à ces délégués
que nous étions déjà installés et maîtres de tous les
points principaux de l'Hôtel-de-Ville, que notre
mission était précisément la même que celle qu'ils
prétendaient vouloir remplir près du gouvernement
et qui consistait à surveiller les premiers actes de ce
nouveau pouvoir, afin que le peuple ne se vît point,
comme en 1830, la dupe des ambitieux qui l'avaient
mis en avant. J'assurai en outre ces citoyens que si
les hommes appelés à diriger les affaires du peuple
tergiversaient et ne remplissaient point exactement
le mandat qui leur était confié, nous prendrions
l'initiative en proclamant la République; mais je
crus devoir les prévenir aussi que nous étions décidés à soutenir vigoureusement les actes de ce gouvernement provisoire s'ils étaient conformes à la
volonté du peuple; je les engageai donc à se retirer
afin de ne pas entraver par leur présence la marche
active du pouvoir. Après quelques pourparlers
assez vifs, les citoyens composant cette députation
se retirèrent tranquillement : M. de Lamartine,
présent à cette discussion, me serra chaleureusement la main : « *Jamais la postérité, me dit-il, n'ou-*

bliera *les preuves de bon sens, de dévouement et surtout de désintéressement sublime dont vous donnez
l'exemple à notre pays.»* C'est alors qu'il fut décidé
que nous resterions en permanence à la disposition
du gouvernement.

Aussitôt après cette scène, Garnier-Pagès crut devoir faire imprimer la proclamation suivante :

RÉPUBLIQUE FRANÇAISE.

« Le gouvernement provisoire de la République
« invite les citoyens de Paris à se défier de tous les
« bruits que feraient courir des gens mal inten-
« tionnés. »

LA RÉPUBLIQUE EST PROCLAMÉE !

Les membres du Gouvernement provisoire :

Signé : GARNIER-PAGÈS,
maire de Paris.

LOUIS BLANC,
secrétaire.»

C'est encore ici, je crois, le moment de faire remarquer combien ces messieurs du Gouvernement
provisoire avaient peu perdu de temps à se partager convenablement les places. Il n'y avait pas encore deux heures que Garnier-Pagès était entré à

l'Hôtel-de-Ville, et déjà il signait *Maire de Paris*. Le peuple avait-il été consulté?... le peuple avait-il sanctionné cette nomination? [1]

La journée du 24 se terminait et personne ne s'était occupé de pourvoir à la nourriture des citoyens qui s'étaient généreusement mis à la disposition de l'Hôtel-de-Ville. Non-seulement les deux cent cinquante citoyens que je venais d'organiser en garde civique avaient besoin que l'on songeât à leur procurer au moins du pain, mais les nombreux combattants qui arrivaient en masse de tous les points de la capitale demandaient aussi que l'on se rappelât que depuis deux jours ils n'étaient point rentrés à leur domicile : «Du pain seulement» criaient-ils, « nous ne vous demandons rien de plus.» Braves gens, y pensiez-vous! demander du pain au moment où les ambitieux, qui vont devenir des ministres et vos chefs, se partagent le gâteau des honneurs et des places! vous preniez bien mal votre temps.

---

[1] Le citoyen Garnier-Pagès n'avait point perdu une seconde ; il avait quitté la Chambre bien avant ses collègues, était arrivé par conséquent seul à l'Hôtel-de-Ville où le conseil municipal se trouvait encore en permanence. Quoique depuis longtemps nous nous en fussions emparé, nous ne connaissions point les résultats obtenus par le peuple , pesonne n'y avait encore apporté la nouvelle de la proclamation de la République et de la nomination d'un gouvernement provisoire.

J'avais déjà promis aux citoyens qui m'avaient accompagné qu'il leur serait procuré des aliments; justement les secrétaires du Gouvernement provisoire venaient de me faire la même demande. J'avais chez moi quelques fonds disponibles, j'envoyai mon fils les prendre, et, aussitôt son retour, je fis acheter chez les boulangers, charcutiers et autres fournisseurs, du pain, du jambon et du fromage, et dépensai ainsi plus de deux mille francs. Malheureusement pour moi il ne m'est resté que pour 830 f. de reçus provenant de ces fournisseurs : cette dernière somme, bien que légalement justifiée, m'est encore due.

Voici la petite demande d'aliments faite par le secrétariat du Gouvernement Provisoire; je la transcris textuellement :

AU PRÉSIDENT DES DÉLÉGUÉS DU PEUPLE.

« Citoyen,

« Envoyez-nous une *volaile* quelconque pour dé« jeuner, s'il y a quelques mets *apetissant* envoyez « les nous.

« Pour le secrétariat du gouvernement provisoire;

« *Signé*, J.-J. GARCHER. »

Profite, bon peuple, apprends à connaître ceux qui tant de fois nous ont fait tomber en extase par leurs beaux discours ! Nous qui depuis deux jours arrosions de notre sang la route qui devait conduire au pouvoir les ambitieux que nous ne rencontrâmes jamais côte à côte déchirant la cartouche, mais que nous avons tant de fois rencontrés là où il n'y avait que des cigares à brûler ! nous demandions du pain, du pain, et pas autre chose; eux, pour leur palais, beaucoup plus délicat que le nôtre, demandaient des volailles ou des mets appétissants; le lendemain, pour nous tromper encore mieux, ils faisaient écrire le mot *fraternité* sur les portes des hôtels et des palais qu'ils allaient bientôt occuper.

Il me serait impossible de raconter les nombreux épisodes de l'installation du Gouvernement Provisoire; nous étions tellement étonnés de l'événement qui venait de terminer si brusquement le règne de la famille d'Orléans, que c'est à peine si nous avions le souvenir de ce qui s'était passé la veille; pour mon compte, je croyais être le jouet d'un rêve : j'étais cependant du petit nombre de ceux qui envisageaient froidement l'abîme où pouvait être entraînée la France, si nous n'avions pas le courage d'imposer un frein aux passions ambitieuses de cette classe d'individus qui, depuis de longues années, calculaient sans cesse les chances de fortune que pouvait leur offrir tel ou tel bouleversement.

Dans la soirée, je reçus de la Préfecture de Police ces quelques lignes :

« Nous n'avons encore reçu aucun mot d'ordre du
« Gouvernement Provisoire ; il est urgent qu'il nous
« soit transmis immédiatement pour éviter des con-
« flits.

Les délégués à la préfecture de police :

« Signé : CAUSSIDIÈRE, SOBRIER. »

Diverses proclamations vinrent nous donner une preuve que déjà le temps était bien employé pour ceux qui avaient besoin de places; le Gouvernement Provisoire, qui avait de bien grandes choses à faire, s'occupa de minuties.

Pendant que le Gouvernement Provisoire classait ses créatures et que nous nous occupions des détails d'intérieur, nous étions puissamment secondés par les dignes et braves jeunes gens des écoles; plus prévoyants que tous, ils avaient compris que le plus urgent n'était pas de s'occuper des citoyens bien portants et de leur nourriture, mais des blessés ; ces victimes de nos nouvelles et fratricides dissensions, qui réclamaient plus que tout des soins immédiats. Ils se chargèrent d'y pourvoir. Transformant les salles qui avoisinent celle du trône en ambulance, réunissant tout ce qu'ils purent trouver de matelas, de lits et de couvertures; il me prièrent de donner des ordres pour que tous les blessés indistinctement leur fussent envoyés. Ils entourèrent des attentions les plus fraternelles les citoyens qui furent confiés à leur soins; et, malgré les fatigues de la journée, pas un d'eux ne prit un moment dè repos pendant cette nuit toute remplie de craintes et d'émotions.

Nous atteignîmes enfin la journée du 25. Au petit jour chacun de nous s'empressa de porter ses regards sur cette place de l'Hôtel-de-Ville, tant de fois déjà témoin de nos grands actes révolutionnaires : une immense forêt de baïonnettes la couvrait entièrement. Des citoyens, la mèche allumée se tenaient près des canons; des avants-postes commandés par de vieux soldats gardaient militairement ce grand bivouac; de jeunes et intrépides enfants armés jusqu'aux dents, la figure encore noire de poudre, étaient debout, prêts à voler à de nouveaux combats à la moindre alerte; le poste de l'entrée principale était entièrement sous les armes : les divers envahissements qu'ils avaient eu à repousser leur avaient donné de l'expérience; au lieu d'attendre en dedans de la porte, ils s'étaient placés en travers; mais en dehors : le brave chef qui commandait ce poste avait parfaitement compris qu'appuyé contre les murs extérieurs il pourrait plus facilement repousser le choc des masses qui chercheraient à s'introduire dans l'Hôtel.

Aussitôt le jour, le peuple, en signe de réjouissance, déchargea en l'air ses armes. C'est à cette occasion qu'une scène des plus bouffonnes vint nous égayer malgré les tristes pensées qui assombrissaient nos cœurs; ne sachant à quoi attribuer ces innombrables coups de feu, effrayé et songeant sans doute à une attaque des troupes que l'on croyait campées près de Paris, une partie du Gouvernement Provisoire et des braves qui avaient chevaleresquement passé les journées du 22, 23 et partie de la matinée du 24 dans les cafés, se réfugièrent au plus vite derrière les entre-deux des croisées qui font face à la place : « Silence, Messieurs, s'écria un de « ces héros auquel la peur sans doute fit oublier « que le mot Messieurs était à l'index, silence, nous « sommes peut-être perdus, car bien certainement « cette fusillade est celle des troupes qui arrivent « et qui attaquent les nôtres... » Nous rassurâmes ces citoyens; tout honteux ils retournèrent distribuer des emplois et créer des missions extraordinaires pour leurs parents, amis et connaissances.

Voici une de ces anecdotes aussi curieuses que plaisantes, qui certainement est restée inconnue des amateurs de faits singuliers et divertissants : Les petites pièces qui avoisinent l'entrée du cabinet où siégeait le Gouvernement Provisoire étaient tellement encombrées que personne ne pouvait y entrer, et ceux qui étaient parvenus si près du nouveau soleil-levant, se seraient bien gardés d'en sortir, ils voulaient arriver au pied de ce trône d'une nouvelle espèce, et pour tout l'or du monde ils n'auraient pas reculé d'une semelle. Un huissier, portant un plat sur lequel se rangeaient quelques côtelettes, un pain et une bouteille sous le bras, cherchait inutilement à se frayer un passage; il avait beau montrer la chaîne qui caractérisait ses fonctions, peine perdue, on était sourd et aveugle : « Citoyens, vous n'y pen- « sez pas; c'est à Messieurs du Gouvernement Pro- « visoire que je porte ce peu de nourriture, » disait- il; personne ne bougeait. Enfin, un monsieur, gros et jovial, de trente-cinq à quarante ans, habit noir, cheveux longs et plats, tira immédiatement un plan de campagne d'un nouveau genre qui devait l'in- troduire lui-même où l'huissier tentait inutilement d'arriver; il se place en avant de l'homme à chaîne d'argent, repousse vigoureusement à droite et à gauche les premiers rangs de la foule, criant d'une voix de stentor : « Place, place, au déjeûner du « citoyen Garnier-Pagès qui se trouve mal d'inani- « tion, vite, faites place afin que ce digne citoyen « puisse reprendre des forces et travailler à la con- « solidation de la République, qui seule peut assu- « rer notre bonheur à tous. » Obéissant à cette voix, et surtout aux gestes herculéens de cet introduc- teur d'huissiers, un petit passage se fit, et ils par- vinrent tous deux jusqu'au cabinet des délibéra- tions. Un quart d'heure après, le citoyen introducteur en sortait tout radieux, tenant à la main un ordre de lui délivrer des chevaux de poste, etc., etc. Lui aussi avait obtenu une mission

Les hommes vaincus la veille étaient encore pleins d'espérance ; ils croyaient au retour des troupes, et firent courir le bruit qu'une grande partie du Gouvernement Provisoire n'avait accepté la mission qu'il remplissait que pour servir plus efficacement le roi et sa famille ; ces bruits, jetés avec intention dans les masses, augmentaient l'inquiétude, et portaient le peuple à croire qu'il était encore trahi et vendu.

Tous ces bruits augmentaient de minute en minute l'irritation. Il faut marcher sur l'Hôtel-de-Ville, crient de toute part les plus crédules ; cette agitation devient bientôt furieuse à la vue des nombreux blessés que l'on transporte dans les hôpitaux, et des morts que l'on conduit à l'Hôtel-de-Ville.

Bientôt un envahissement bien autre que ceux que nous avions déjà repoussés vint fondre sur la principale entrée ; c'est en vain que les factionnaires de la garde civique cherchent à barrer le passage ; repoussés par des masses compactes, ils sont forcés de céder à ces furieux qui veulent pour preuve de la sincérité du Gouvernement, que l'on remplace le coq gaulois par le bonnet phrygien, et le drapeau tricolore par le drapeau rouge ; leur volonté bien arrêtée est de ne laisser rien exister de ce qui pourrait rappeler le règne de Louis-Philippe, le drapeau tricolore est à leurs yeux celui de ce roi. Ils oublient entièrement que c'était avant tout celui de Marengo, d'Austerlitz et de Wagram, celui enfin que nos grandes armées de la République et de l'Empire avaient fait flotter sur les murs de toutes les capitales du continent européen, devant lequel tous les souverains coalisés pour se partager notre belle patrie, avaient été forcés de découvrir leurs têtes couronnées, celui enfin qui, dans les déserts de la Syrie, guidait vers Saint-Jean-d'Acre les soldats qui avaient, avec le fer de leurs baïonnettes, gravé leurs noms sur les pyramides d'Égypte. M. de Lamartine se chargea de le leur rappeler. Son éloquent et patriotique discours, quoique bien connu, doit, dans les circonstances où se trouve aujourd'hui la France, être reproduit autant de fois qu'on en trouve l'occasion.

De toute part, le peuple, semblable à l'Océan en furie, était arrivé par toutes les issues. Il couvrait de ses flots tumultueux la vaste place de l'Hôtel-de-Ville ; tous ces hommes sont exaspérés, ils brandissent leurs armes en criant à la trahison.

Lamartine, tête nue et les bras croisés sur sa poitrine, contemple d'un œil sévère cet orage ; là, comme sur le navire où il affrontait le courroux des vagues de la Méditérannée, il fait signe qu'il veut être entendu ; des imprécations lui sont adressées, du fer menace sa poitrine, et la voix tonnante de ce peuple égaré lui signifie que le drapeau rouge doit dorénavant être celui de la France.

Sa voix vibrante parvient enfin à faire comprendre qu'il faut l'écouter avant tout. Son geste est celui de la force, sa parole celle du plus sublime courage, on l'écoute :

« Citoyens, si l'on vous avait dit, il y a trois jours, que vous seriez aujourd'hui en République, que vous auriez conquis le suffrage universel après avoir renversé et brûlé le trône des rois, vous auriez refusé de le croire. Voilà cependant le résultat que vous avez obtenu, et aujourd'hui, vous voulez détruire tout ce que vous avez fait d'incroyable par l'affreuse pensée que les hommes que vous avez placés à votre tête veulent vous trahir : vos murmures contre eux sont des offenses envers Dieu, car si nous sommes vos mandataires, nous ne tenons ce mandat que de vous, par vous, et par votre volonté.

« Citoyens, si vous m'enlevez le drapeau tricolore, sachez-le bien, vous m'enlevez la moitié de la force extérieure de la France, car l'Europe ne connaît que le drapeau de ses défaites et de nos victoires dans le drapeau de la République et de l'Empire.

« En voyant le drapeau rouge, elle ne croira voir que le drapeau d'un parti, c'est le drapeau de la France, c'est le drapeau de nos armées victorieuses, c'est le drapeau de nos triomphes qu'il faut relever devant l'Europe. La France et le drapeau tricolore, c'est une même pensée, un même prestige, une même terreur au besoin pour nos ennemis.

« Songez combien de sang il vous faudrait verser pour faire la renommée d'un autre drapeau !

« Le drapeau rouge, je ne l'adopterai jamais, et je vais vous dire dans un seul mot pourquoi je m'oppose à son adoption de toutes les forces de mon patriotisme, c'est que le drapeau tricolore, citoyens, a fait le tour du monde avec la République et l'Empire, avec vos libertés et vos gloires, tandis que le drapeau rouge n'a fait que le tour du Champs-de-Mars traîné dans le sang du peuple. »

Cette belle et dernière comparaison suffit pour appaiser ces milliers de citoyens ; les plus près s'élancent vers le courageux Lamartine, lui saisissent les mains, les autres l'entourent de leurs bras, c'est à qui lui témoignera le regret d'avoir douté un seul moment de son dévouement et de son patriotisme.

Je me rappelle qu'un des hommes qui avaient montré le plus d'exaltation, s'écria : » Quand on parle « comme ce brave citoyen on a du cœur dans le « *ventre* ou je ne m'y connais pas ; celui-là du moins « sait nous rappeler nos campagnes et notre vieille « gloire, ce qu'il nous a dit, camarades, nous dicte « notre devoir à tous, préparons-nous à soutenir « notre vieux drapeau, et si nos amis les alliés trou- « vent mauvais que nous chassions les rois, prépa- « rons-nous à les bien recevoir. »

C'est aussi à ce moment que se présenta le citoyen Lagrange ; il se fraya lui-même un passage en criant : « Laissez-moi entrer, je suis Lagrange. » Arrivé près du gouvernement, il parla en ces termes :

« Vous savez qui je suis?... je suis Lagrange de
« Lyon ; vous avez besoin d'un gouverneur, nom-
« mez-moi. »

Ce langage, plus que cavalier, impressionna, à
ce qu'il paraît, les membres du Gouvernement Provisoire.

Quelques heures plus tard, Garnier-Pagès fit
remettre au bureau des délégués du peuple le décret
suivant :

RÉPUBLIQUE FRANÇAISE.

—

AU NOM DU GOUVERNEMENT PROVISOIRE.

Le citoyen Lagrange est nommé gouverneur de
l'Hôtel-de-Ville.

A ce titre, il est spécialement et uniquement
chargé de la direction des forces et de la police de
l'intérieur de l'Hôtel.

Tous les officiers et soldats seront en rapport di-
rects avec lui.

Le citoyen Lagrange ne doit compte qu'au Gouvernement provisoire.

Les élèves de l'École Polytechnique devront se
mettre à sa disposition partout où il requerra leur
concours, quand ils n'auront pas à remplir une autre mission par ordre du Gouvernement Provisoire.

Il en sera de même des employés de l'Hôtel autres que les employés de l'administration.

Les Membres du Gouvernement,

Signé GARNIER-PAGÈS, *maire de Paris*,

MARIE,

LOUIS BLANC.

Ce décret, resté inconnu à la plus grande partie de la population parisienne, parce qu'il ne fut affiché que dans l'intérieur de l'Hôtel-de-Ville, était pour nous des plus significatifs ; il avait un but marqué, celui d'enlever aux délégués du peuple tout pouvoir, et surtout de faire cesser la surveillance dont ils entouraient les actes du Gouvernement Provisoire, surveillance devenue intolérable pour des hommes qui avaient depuis longtemps calculé tout ce qu'ils pourraient retirer d'avantageux des suites d'une révolution qui les conduirait aux places et aux honneurs, eux qui depuis tant d'années végétaient en griffonnant des premiers-Paris et s'égosillaient le soir dans leurs cafés habituels à faire du patriotisme en phrases redondantes.

Le citoyen Lagrange s'était adjoint Rey et plusieurs de ses amis, ainsi que des jeunes gens des écoles.

Flottard, secrétaire-général de la mairie de Paris, vint m'apporter un ordre ainsi conçu :

AUX CITOYENS DÉLÉGUÉS DU PEUPLE.

RÉPUBLIQUE FRANÇAISE.

Le Gouvernement provisoire ordonne que le transport des cadavres au cimetière sera fait la nuit, sans appareil, et avec les moyens que possède l'administration des Hospices.

25 février.

Le membre du Gouvernement Provisoire.

Signé : GARNIER-PAGÈS.

Je répondis au citoyen Flottard que comme président des délégués du peuple, j'étais revêtu d'une mission qui m'imposait le contraire de ce que Garnier-Pagès désirait, je lui signifiai que je m'opposerais de tout mon pouvoir à l'enlèvement des corps [1].

Flottard me répondit que Garnier-Pagès avait donné cet ordre, qu'il était le maître, et que, par conséquent, cette volonté serait exécutée. Ma réponse fut de faire mettre de suite sous les armes le poste de la salle Saint-Jean, dit poste des Morts, de demander aux citoyens qui le composaient s'ils me reconnaissaient pour leur délégué. Sur leur réponse affirmative, je leur communiquai l'ordre que je venais de recevoir. Je leur fis comprendre l'indignité d'une mesure qui assimilait les dépouilles mortelles des

---

[1] Il était indispensable, selon moi, que ces nobles victimes fussent reconnues, afin que leurs veuves et leurs enfants pussent participer aux pensions que, sans aucun doute, la nation leur accorderait.

citoyens morts en combattant pour la liberté à celles des malfaiteurs que l'on enterre la nuit, sans même appeler leurs familles à leur rendre les derniers devoirs. M. Garnier-Pagès comprit le danger de sa détermination, céda, et sur ma proposition me donna un ordre pour le docteur Gannal, afin qu'il vînt embaumer tous les corps déposés dans la salle Saint-Jean.

L'incident des morts à peine terminé un autre vint me tomber sur les bras.

Le citoyen Lagrange, ayant trouvé bon de défendre qu'il ne fût distribué que de la soupe pour la nourriture des citoyens qui gardaient l'Hôtel-de-Ville et qui, disons-le ici, faisaient la force des délégués du peuple, force que ces Messieurs auraient voulu voir au diable (pardon de l'expression), un conflit s'éleva; les postes réclamaient à juste titre ce que les délégués leur avaient promis; on en vint même jusqu'à douter de ma sincérité : le citoyen Pâris, chef des cuisiniers, me fit prévenir que, contradictoirement aux ordres qu'il avait reçus de moi, il venait de lui être enjoint, par le nouveau gouverneur, de ne faire rien autre chose que de la soupe pour la garde civique, que c'était bien assez pour *ces gens-là.* « Allons, me dis-je, encore une petite conspiration. » J'allai trouver Lagrange auquel je ne donnai certainement pas le titre de général. Je dis à ce citoyen qu'en ma qualité de président des délégués du peuple, j'avais cru devoir prendre toutes les mesures nécessaires à assurer la subsistance de la garde civique, qu'il me paraissait bien surprenant qu'il eût contremandé une chose des plus naturelles.

Voici la réponse du citoyen Lagrange :

« Une soupe à tous *ces gens-là* et retirez-vous immédiatement. » J'insistai. Il donna l'ordre à ses aides de camp de m'arrêter. Je saisis mes pistolets et, m'approchant de la fenêtre qui donne sur la cour Henri IV, j'en tirai un dans l'air en appelant aux armes ! La garde civique accourut à moi par les deux escaliers : « Citoyens, leur dis-je, Lagrange vient d'ordonner aux jeunes gens qui s'intitulent ses aides de camp de m'arrêter; moi votre président, je vous invite à vous assurer sans perdre un instant de sa personne. » Ce qui fut exécuté de suite. Flocon, épouvanté par le bruit de la détonation, accourut s'informer de ce qui avait pu donner lieu à cette explosion, je le lui expliquai, et après bien des récriminations, Flocon parvint à faire comprendre à Lagrange que non-seulement il ne devait pas contremander les dispositions qu'en ma qualité de délégué j'avais cru devoir prendre, qu'il devait au contraire me donner par écrit un ordre de faire fournir les substances indispensables à la nourriture de la garde civique; voici cet ordre qui témoigne de son état d'exaltation et du désordre de ses idées, troublées sans doute par tous les événements dont il avait été un des principaux acteurs : au lieu de se croire à l'Hôtel-de-Ville, il pensait être à la Préfecture de police[1].

---

[1] Comme je l'ai dit plus haut, la nomination du citoyen

RÉPUBLIQUE FRANÇAISE.

« Ordre, citoyen Drevet, de fournir immédiate-
« ment aux besoins de la Préfecture de police (*sic*)
« en fait de subsistances.

« Le Gouverneur de l'Hôtel-de-Ville,

« CH. LAGRANGE. »

Malgré cet ordre signé, le citoyen Lagrange donnait contre ordre verbal, menaçait de faire fusiller
un citoyen qui pendant toute la nuit n'avait pas
cessé de porter des dépêches ; il voulait l'obliger
malgré sa fatigue à repartir de nouveau, enfin son

Lagrange au gouvernement de l'Hôtel-de-Ville n'était qu'un
prétexte inventé dans le but d'enlever le pouvoir des Délégués du peuple et de se soustraire à la surveillance que je
faisais exercer dans l'intérieur de l'Hôtel-de-Ville. Le
dénouement de cette intrigue qui, grâce au citoyen Lagrange,
était tourné entièrement au désavantage de ses inventeurs,
fit imaginer une fable plus incroyable encore : on fit prévenir le Gouvernement que Blanqui, à la tête de 200 hommes
bien organisés, s'était entendu avec moi pour s'emparer de
l'Hôtel-de-Ville et renverser le pouvoir. Des individus s'in-
troduisirent dans nos postes, et y répandirent sous le sceau
du secret, et au nom du plus pur patriotisme, ce conte ridi-
cule. En révolution, les hommes sont toujours sur le qui
vive. Ces discours firent effet, et j'eus dans la journée plusieurs altercations qui, Dieu merci, tournèrent toutes à mon
avantage.

exaspération était telle que craignant quelques funestes accidents, je me rendis au gouvernement provisoire où je portai ma plainte. Je tirai mon épée et, plantant la lame dans le parquet, je sommai Garnier-Pagès de me dire ce qu'il voulait faire du citoyen Lagrange ; il me répondit de le faire conduire dans les appartements du préfet ; ce dénouement ne doit nullement étonner. La promptitude de la garde civique à obéir à mes ordres effraya le maire de Paris, lui fit comprendre de quelle force je pouvais appuyer mon titre. Le vieux patriote Drevet n'était point un conspirateur ambitieux, voilà ce qui lui donnait une force qu'aucun des membres du nouveau pouvoir ne possédait. Je n'avais point calculé la perte de ce vieux roi qui n'a pas même trouvé un ami pour le guider dans sa fuite, lorsque je pensais à son âge, aux malheurs qui dans sa jeunesse avaient déjà pesé sur sa tête : je me sentais l'âme navrée : cependant je suis un patriote sans reproche, un républicain sévère, mais juste avant tout ; et lorsque, dès le 25, je vis les lâches, qui la veille encore se disaient les fidèles serviteurs de la famille d'Orléans, venir assurer de leur fidélité et de leur dévouement à la République, mon cœur se soulevait de dégoût et d'indignation. Des hommes marquants ne rougissaient point de se joindre à cette tourbe de sauteurs pour lesquels un changement de gouvernement est une nouvelle porte ouverte à leur honteuse et ignoble passion des places et surtout des émoluments.

ON VEUT A TOUT PRIX ÉVINCER
LES DÉLÉGUÉS.

La difficulté qui s'éleva entre moi et Garnier-Pagès sur la manière dont seraient inhumés les citoyens morts en combattant pour la liberté, l'espèce de prise de corps que j'eus à soutenir contre Lagrange au sujet des subsistances à fournir à la garde civique, n'ayant rien changé ni diminué au pouvoir que j'exerçais dans l'intérieur de l'Hôtel-de-Ville, il fallait employer d'autres moyens, et trouver un expédient quelconque pour faire cesser le contrôle que nous exercions sur tout ce qui se passait à l'Hôtel-de-Ville.

Flottard, Garnier-Pagès, et surtout Rey et Beaumont, imaginèrent de former une garde soldée, seul moyen d'enlever à ceux qu'ils appelaient des *surveillants,* les moyens d'accomplir jusqu'à la fin de la tourmente populaire la plus noble des missions, celle de veiller aux intérêts de la chose publique, et d'empêcher les folles dépenses qui bientôt devaient vider les coffres de l'État.

Rien n'était plus drôle que de voir l'ex-marchand de couleur Beaumont suivre, la casquette à la main, Garnier-Pagès, et répéter sans cesse, avec Flottard, que nous n'étions qu'un Gouvernement dans un autre, et qu'il fallait se défaire de nous à tout prix. Leur désir de nous voir évincés était tel, qu'ils allèrent jusqu'à proposer d'habiller des hommes et de

les solder à raison de 2 francs 50 centimes par jour;
ces propositions élevaient dans les postes de véritables conflits : ceux de nos amis qui réfléchissaient à cette singulière manière d'économiser les deniers publics ne pouvaient pas s'empêcher de dire à ceux qui trouvaient ces propositions confortables que c'était sans utilité qu'on avait renversé un Gouvernement pour en établir un autre plus dispendieux. Qu'est-ce que cela vous fait? répondaient les derniers, cela nous fera vivre ainsi que nos familles; d'ailleurs, ce ne sera pas vous que l'on ira chercher pour nous solder. Mais les riches, voilà déjà des hommes qui, la veille, se seraient fait tuer pour défendre la propriété, séduits et détournés de la bonne route par les trompeuses promesses d'hommes qui, eux aussi, ont déjà calculé tout ce que l'on pouvait retirer d'avantageux d'une révolution.

Toutes ces machinations ne changèrent rien à ma ferme détermination de contrecarrer tous ces faux patriotes; eux, de leur côté, ne perdirent point courage. Les clubs furent chargés de cette importante mission, et nous vîmes bientôt les orateurs de ces réunions exciter les ouvriers qui s'y rendaient assidûment à des manifestations tendant toutes à éloigner la réunion de la Constituante. D'où sortait en partie ce mot d'ordre? De l'Hôtel-de-Ville. L'arrivée des représentants de la nation étant le terme du pouvoir des hommes du *National* et de la *Réforme*, ils employèrent tous les moyens pour le conserver le plus longtemps possible. Ils ne firent rien pour l'amélioration du sort des classes ouvrières, et encore bien moins pour rendre à la France cette tranquillité si nécessaire à toutes les classes de la société.

Les délégués restèrent en permanence pendant environ un mois à l'Hôtel-de-Ville, sans prendre un seul instant de repos, donnant au pays et à la République toutes les preuves de dévouement que comportait non-seulement leur mission, mais encore l'abnégation la plus complète, cédant la place à Rey pour éviter tout conflit.

NOTE SUR LA GARDE CIVIQUE.

La garde civique, organisée par les délégués du peuple au moment du plus grand danger, ne recula devant aucun des envahissements qui à chaque moment venaient mettre à l'épreuve son patriotisme... Fatiguée et ne pouvant relever aussi souvent qu'il eût été nécessaire ses factionnaires, elle n'avait pour reposer les fatigues du corps que les dalles froides et humides de l'Hôtel-de-Ville. Combien de fois ai-je vu ces braves citoyens luttant corps à corps avec les hommes qui voulaient par force entrer dans le lieu même où le Gouvernement provisoire siégeait, renversés, foulés aux pieds, se relever tout meurtris, et continuer cependant le service que leur imposait leur civisme! Quelle a été leur récompense? Marrast, l'homme du *National*, les a chassés pour solder une garde prétorienne. Caussidière à la Préfecture fit de l'ordre avec du désordre. Marrast fit à l'Hôtel-de-Ville la police à sa place. Le tout fut largement soldé, et moi , avec d'honnêtes citoyens, je préservai la fortune publique sans qu'il en coûtât un sou à mon pays. Maîtres de l'hôtel-de-Ville, maîtres du Gouvernement provisoire, les Délégués du peuple et la garde civique eurent, dans le moment de la plus grande effervescence, facilement anéanti ce pouvoir naissant. Nous respectâmes la volonté du peuple et fûmes fiers de voir nos services récompensés par l'approbation et les remercîments de l'homme qui, à lui seul, à nos yeux, était le Gouvernement. Pour Lamartine, nous sûmes pardonner les injures, et nous défions aujourd'hui nos ennemis d'alors, de nous prouver une seule de nos actions qui n'ait point eu pour but le bonheur du pays et surtout le respect de la propriété.

Voici les noms et les adresses des braves et dignes citoyens qui firent partie de cette garde civique ; je remplis un devoir en signalant des hommes qui ont fait preuve de courage et de probité ; puisse leur nom ne pas être oublié ! Je fais précéder cette liste du rapport d'un de leurs officiers ; qui prouvera suffisamment que si les ambitieux ne perdirent point de temps pour se rendre maîtres du pouvoir et des places qui en dépendaient, de notre côté nous organisâmes, sans perdre une seule minute, une force armée, capable à elle seule d'arrêter les plus intrépides vauriens. Les Délégués avaient un autre *but* en vue, et ce n'était plus, comme la garde civique, aux coquins de bas étage qu'ils étaient chargés d'opposer une digue; mais, disons-le sans crainte, ils avaient à surveiller des intrigants bien plus dangereux et dont l'audace était bien autrement difficile à maîtriser.

ÉTAT NOMINATIF

DES CITOYENS DÉLÉGUÉS DU PEUPLE

(du 24 février 1848.)

Bajot, employé, rue Rambuteau, 57.

Delilliers, homme de lettres, rue Neuve-Trévise, 22.

Roché, chimiste, rue Feydeau, 3.

Drevet (Alphonse), artiste peintre, rue Fontaine-au-Roi, 11.

Pichot, auteur dramatique, rue du Théâtre-de-Belleville, 6.

Drevet (Émile), gaînier, cour du Harlay, 22.

Renard, fabricant, rue Sainte-Croix-de-la-Bretonnerie, 3.

Lenormand (Charles), homme de lettres, rue Olivier-Saint-Georges, 4.

Penset (Léonard), mécanicien, Marché-Neuf, 34.

Delavarenne, étudiant, rue de Seine, 51.

Drevet, *président*, gaînier, cour du Harlay, 22.

Legrand, médecin, rue de Seine, 51.

Chanterelle, chef d'atelier, quai de la Loire, 46, à la Villette.

Thomas, pharmacien, rue Blomet, à Vaugirard.

AU CITOYEN PRÉSIDENT DU COMITÉ DES DÉLÉGUÉS DU PEUPLE

SÉANT A LA MAIRIE DE PARIS.

« Citoyen,

« J'ai l'honneur de vous adresser ci-joint l'état nominatif des citoyens combattants qui dans les journées des 22, 23 et 24 février 1848, ont contribué à assurer le triomphe du gouvernement républicain.

« Appelé par vous, citoyen, à commander le poste militaire de votre comité, je ne puis me séparer de mes braves compagnons sans leur donner le juste tribut d'éloges et de reconnaissance qui leur est dû pour le patriotisme, le désintéressement, le zélé et l'abnégation dont ils ont fait preuve pendant toutes les heures de cette longue garde.

« Ils ont bien mérité de la patrie et j'ose espérer qu'elle ne sera point ingrate envers eux.

« Agréez, citoyen, l'assurance de ma considération distinguée.

« GUY,

« Décoré de Juillet. »

Poste intérieur des Délégués
(Permanence.)

Tamburini, chef de poste, rüe Neuve-Saint-Augustin, 44.
Scordel, employé, rue du Caire, 29.

Charpentier, employé, rue Grenier-Saint-Lazare, 27.

Alban, orfèvre, place Dauphine, 8.

Doliger, apprêteur de chapeaux de paille, rue Bourbon-Villeneuve, 29.

Bajot (Amédée), employé aux contributions, rue de l'Orillon, 8.

Poste extérieur des Délégués (Galerie).

Augée (Auguste), marchand fleuriste, quai des Ormes, 46,

Barras (Louis-Victor), charpentier, rue Saint-Antoine, 94.

Caublot (Pierre), scieur de long, boulevard Belleville, 34, à Belleville.

Desoize (Jean-Baptiste), doreur sur métaux, rue Poultier-Saint-Louis, 10.

Flamant (Claude), ex-employé, rue de la Vieille-Bouclerie, 10.

Froly (Ignace), mécanicien, quai de la Loire, 46, petite Villette.

Jehan (Eugène), maçon, rue de Sablonville, 37 à Neuilly; près le Nouveau-Monde.

Vingueulet (Jacques), maçon, rue des Lombards, 22, aux Ternes.

Sermet (Pierre-Alphonse), employé, rue du Cherche-Midi, 43.

Royer (Joseph-Charles-Anatole), ébéniste, quai Napoléon, 21.

Poste des Archives.
(37 hommes.)

Leplanquais (Ferdinand), sergent, chef de poste, rue Neuve Saint-Merry, 7.

Meyer (Isidore), caporal, rue Simon-le-Franc, 12.

Paquet (Louis-Michel), rue du Mouton, 9.

Sueur (Alexis), rue Saint-Jacques, 4.

Eustache (Jean-Baptiste), rue St-Laurent, 9 (Belleville).

Fondras (François), rue de la Tixeranderie, 12.

Durval, rue Saint-Denis, 49.

Durand, rue Barbette.

Duclais (Jacques-Victor), rue Chabrol, 63.

Gavelle (Louis), faubourg Saint-Antoine, 2.

Berthelon (Louis), rue de Versailles-Saint-Victor, 2.

Félix (Achille), rue de Versailles-Saint-Victor, 2.

Villemot (Jean-Claude), rue Royale Saint-Antoine, 16.

Devaux (Jean-Baptiste), rue du Faubourg-St-Martin, 51.

Galbrun (Pierre), rue de l'Hôtel-de-Ville, 128.

Béagnes (Joseph), rue Culture-Sainte-Catherine, 6.

Ferret (Vivams), boulevart d'Italie, 11 (barrière Fontainebleau).

Blanquet (Prosper-Léonard), rue Saint-Louis (Ile), 63.

Lamour (Jules), rue Cherche-Midi, 66.

Jenn, commandant du poste.

Duponchel, sergent, impasse des Couronnes (Belleville.)

Fleury, caporal, mécanicien, place du Marché Saint-Jean.

Martin fils, Hôtel-de-Ville.

Martin père, chef de vivres, Hôtel-de-Ville.

Leseur, faubourg Saint-Denis, 28.

Devvinne, mécanicien, rue Saint-Martin, 105.

Roche, peintre en voiture, avenue de Saxe, 14 (faubourg Saint-Germain.)

Derratte, tapissier, rue Hillerin-Bertin, 4.

Leclercq, ébéniste, rue de la Tixeranderie, 13.

Chostrusse, employé de l'octroi, rue des Rosiers, 19.

Pouriaud, peintre (amputé de juin 1832); rotonde du Temple, escalier 4.

Pilliod, militaire pensionné (amputé de juillet 1830. impasse Bertault.

Arnold, tailleur, rue des Vieux-Augustins, 7.

Courivaud, tailleur de pierres, rue des Nonandières, 13.

Lamblois, passementier, rue Saint-Denis, 43.

Cultru, coutelier, rue Zacharie, 10.

Auffray, commis aux droits d'entrées, rue de la Tixeranderie, 25.

Poste de la Salle des Morts.

(19 hommes.)

Jeambon, homme de peine, rue St-Germain-l'Auxerrois, 20.

Chanevas, blanchisseur, rue des Tournelles, 2 (Arcueil).

Tord, fabricant d'allumettes, rue Jean-Pain-Mollet, 24.

Tochon, bitumier, rue Grenetat, 37.

Petit, mécanicien, rue Jacques-Desbrosses, 6.

Sintard, lamineur en cuivre (ex-tambour de régiment de ligne, rue Saint-Victor, 153.

Lardinois (commandant du poste), rue Tombe-Isoire, 35.

Blandin, garnisseur en tamis (sergent), rue Meslay, 46.

Landry, commis libraire (ex-détenu politique), rue des Vieux-Augustins, 28.

Delpech, tabletier, rue Massillon, 2.

Jean (Auguste), relieur (ex-détenu politique), rue Saint-Denis, 43.

Trocmé, passementier, rue de l'Hôtel-de-Ville, 5.

Ensel, ébéniste, rue de la Tannerie, 18.

Galleux, serrurier, rue Saint-Louis en l'Ile, 23.

Genserre, plombier, rue de la Tixeranderie, 11.

Friot, cordonnier, boulevart Saint-Denis, 1.

Beasse, mécanicien (ex-prisonnier politique), estropié en 1839, rue Chaudron, 6 (Ménilmontant.)

Nicolas, menuisier, rue de Braque, 24.

Benoît, corroyeur, rue Mouffetard, 40.

Poste de l'Entrée principale.

(18 hommes.)

Killer, teneur de livres (commandant du poste), rue Bergère 24.

Duplaix, distillateur (sergent), rue Javelle, 15 (Grenelle.)

Dessance, fileur, rue Nationale (Versailles), au Cheval-Blanc.

Lormeau, tisserand, rue Jean-de-l'Épine, 12.

Bartholomé, bijoutier, rue Saint-Jacques, 28 (hôtel Saint-Severin.)

Besnard, relieur, rue de la Tacherie, 6.

Augé, journalier, rue Constantine, 29 (La Chapelle.)

Grosset, relieur, rue Jean-de-l'Épine, 23.

Thiriot, menuisier, rue Grégoire-de-Tours, 11.

Royer, raffineur de sucre, rue Grange-aux-Belles, 34.

Bergeron, tailleur, rue de Valois-Saint-Honoré, 9.

Rousselet, journalier, Grande-Rue (Pantin.)

Rouillard, charpentier, barrière des Trois-Couronnes, 9.

Angros, maçon, quai de la Grève, 56.

Houpin, doreur sur bois, rue Mazagran, 9.

Delzève, journalier, passage de l'Opéra, 23.

Roche (Antoine), rue Jean-Jacques-Rousseau, 4.

Barthélemy, chapelier, rue Grenier-Saint-Lazare, 11.

Poste de la porte du Préfet.

(4e poste, 14 hommes.)

Percepied, horloger (commandant la porte), passage de la Petite-Bouclerie, 4.

Barrois, garçon de cuisine, rue Simon-le-Franc, 27.

Lorinier, plombier, rue Monsieur-le-Prince, 43.

Chartier, charcutier, rue Vaugirard, 126.

Camon, brossier, rue Beaubourg, 6.

Desgrès, marchand de vins, rue Monsieur-le-Prince, 43.

Gessell, directeur d'un gymnase (commandant le poste des écuries), rue Monsieur-le-Prince, 43.

Guinot, cocher, rue de Vaugirard, 101.

Vallière, cocher, rue de Vaugirard, 101.

Dallemagne, cocher, rue Cherche-Midi, 119.

Perdrizat, cocher, Chaussée du Maine, 26.

Loppé, maçon, rue Neuve-Saint-Méry, 6.

Barbet, tonnelier, rue d'Austerlitz, 4.

Buisson, marchand linger, rue Charonne, 8, passage Sainte-Marie.

Poste des Écuries.
(4 hommes)

Peneau, chapelier (commandant le poste), rue des Vieilles Étuves, 17.

Chamon, peintre en bâtiment, rue Guillain-Villiers, 4.

Mignot, imprimenr lithographe, rue de la Verrerie, 7.

Thomas, journalier, rue royale 7 (Saint-Germain-en-Laye.)

Grand Poste (Aile droite).
(91 hommes.)

Fouin, entrepreneur de carrières (commandant du poste), rue de la Mairie, 8 (Gentilly.)

Lebas, commis, sous-officier, cour Batave, 4.

Prévost, élève en pharmacie, rue Sainte-Foy, 12.

Henry, sous-officier (16e léger), rue Saint-Germain-l'Auxerrois, 44.

Taillant, menuisier, rue Cloche-Perche, 1.

Duhamel, journalier, rue des Billettes, 6.
Villeminot, employé, rue de Sèvres, 9.
Winter, Antoine, Colly, Chamon, Cochard, Picard, Palle-
tot, Perrin, Lauzard (Émile), Pommied (Nicolas), Lanmallier,
Amand, Barbotte, Duchêne, Limbourg, Boudet, Perrialle
(Joseph), Fèvre, Bessin, Laroche, Leroux, Petit-Jean, Dé-
car, Boulenois, Halaume, Milès, Galandon, Chenet, Provost
(Victor), Crummer (Grégoire), Crummer (Jean), Jorge,
Heulart (Martin), Delachad, Ludesel, Catala, François, Phi-
lipot, Catet, Durrieu, Chevelin, Maritus, Beauchacour, Dela-
nois, Levert, Chouard, Chambon, Louis, Coron, Bernois,
Bredin, Pérignon, Manourié, Leseul, Collasse, Émery, Lu-
derry, Barbier, Robert, Rousselin, Bataille, Herbulet, Tisse-
rand, Bouché (Louis), Chrétien, Hubert; Lucas, Marbec,
Tétiot, Nivelon, Ladarrière, Marquer, Hebelinck, Rigolet,
Roussel, Leroux, Lequesne, Jouin, Vincent, Berthier, Petit,
Perault, Beaupère.

Poste du Gouvernement provisoire.

(7 hommes.)

Collot, chef de poste, rue Fontenay, 45 (Vincennes.)
Cabaret, marchand de curiosités.
Cabaret, employé au chemin de fer d'Orléans.
Edmond.
Pensée, cordonnier, rue Popincourt, 8.
Walon (Louis), mécanicien, boulevart, 20 (barrière d'En-
fer.)
Petit, ferblantier, rue d'Anjou, 20.

Poste de l'Orangerie.

(7 hommes.)

Bertrand, cordonnier, rue de la Grande-Truanderie, 54.
Duverger, cuisinier, barrière du Roule, 2, chez M. Bazin.

Leprince.
Louis.
Lamoureux, maçon.
Molin, tourneur en chaises, rue Lesdiguières, 8.
Rolland, commissionnaire, Montagne-Sainte-Geneviève, 8.

Parc d'Artillerie.

(23 hommes.)

Liémance (Nicolas-Louis), artiste au Théâtre-Historique, rue des Prêcheurs, 15.

Leroy (François-Étienne-Louis), porteur aux halles, rue Courtalon, 2.

Suell (Georges), porteur aux halles, marché Saint-Jean, 8.

Penell (Jean-Victor), corroyeur, rue Copeau, 55.

Guiton (Georges-Louis), ouvrier au poste Saint-Victor, 74.

Honigol (Louis-Désiré), tambour, rue du Paon-Saint-Victor, 74.

Pierot (Jean-Baptiste), ouvrier, cité Popincourt, 6.

Merlin (Jean-Baptiste), musicien, rue de la Coutellerie, 21.

Vitrat (Antoine), bottier, passage Saint-Pierre, 1.

Canon (Auguste), matelot, quai Jemmapes, 88.

Canon (Alcide-Guy), matelot, quai Jemmapes, 88.

Rousseau (Constant), menuisier, rue de l'École, 87 (Vaugirard).

Leclercq (Joseph), ouvrier, rue Beaubourg, 13.

Michenaux (Charles), cordonnier, rue de la Grande-Truanderie, 33.

Quennesson (Pierre), ouvrier, faubourg Saint-Martin, 135.

Blachet (Lucien), bijoutier, rue Saint-Honoré, 126.

Échet (Louis), commissionnaire, rue de la Tacherie, 12.

Rossignol, matelot, rue Zacharie, 13.

Catelin (Jean), cordonnier, rue de la Tacherie, 2.
Catelin (Adolphe), musicien, rue de la Tacherie, 2.
Quenard (Louis-François), corroyeur, rue Mouffetard, 35.
Pillot (François-Joseph), ouvrier, rue de l'Hôtel-de-Ville, 12.
Huzel (Louis), matelot, rue de la Tacherie, 2.

DÉCRETS RENDUS PAR LE GOUVERNEMENT PROVISOIRE.

Le 26, le Gouvernement Provisoire fit afficher les deux proclamations suivantes, proclamations auxquelles nous devons attribuer tous les désordres qui, plus tard, ensanglantèrent les rues de Paris.

« Le gouvernement de la République française s'engage à garantir l'existence de l'ouvrier par le travail;

« Il s'engage à garantir le travail à tous les citoyens;

« Il reconnaît que les ouvriers doivent s'associer entre eux pour jouir du bénéfice de leur travail;

« Le Gouvernement Provisoire rend aux ouvriers, auquel il appartient, le million qui va écheoir de la liste civile.

« GARNIER-PAGÈS, *Maire de Paris*,
« LOUIS BLANC, *l'un des secrétaires provisoires.* »

RÉPUBLIQUE FRANÇAISE.

Liberté, — Égalité, — Fraternité.

« Le Gouvernement Provisoire décrète l'établissement immédiate d'ateliers nationaux.

« Le ministre des travaux publics est chargé de l'exécution du présent décret.

« Les membres du Gouvernement provisoire :

« DUPONT (de l'Eure), GARNIER-PAGÈS, F. ARAGO, MARIE, LAMARTINE, CRÉMIEUX, LEDRU-ROLLIN, LOUIS BLANC, ALBERT, ARMAND MARRAST, FLOCON. »

A côté de ces décrets, je vais placer les projets qui furent remis le 25 au Gouvernement Provisoire.

C'est l'unique moyen de révéler l'incapacité des hommes qui osèrent se rendre maîtres de la France; c'est dévoiler pourquoi ils ont préféré ruiner les chefs d'atelier pour n'enrichir qu'en vaines promesses cette classe laborieuse d'hommes qui seraient fidèlement restés attachés à leurs ateliers, si on ne les avait pas poussés au désordre : dans quel but? il est facile de le comprendre; c'était la continuation de la Révolution que l'on voulait. Pour que cette continuation eût lieu, il fallait préparer des brandons de discorde, alimenter l'incendie et reculer par ce moyen les élections.

De l'Hôtel-de-Ville de Paris dépendit donc long-temps le sort de notre belle patrie.

Je vais en donner une preuve irrécusable en priant mes concitoyens de comparer la différence qui existait entre les projets déposés le 25 dans la journée, entre les mains du citoyen Garnier-Pagès, et les deux décrets précités. Si ce projet avait été pris en considération nous n'aurions pas à déplorer la perte de tant d'innocentes victimes, et la France compterait encore aujourd'hui au nombre de ses défenseurs des généraux dont la bravoure et les talents formaient la sécurité.

PREMIER PROJET

Ayant pour but la continuation de tous les travaux.

« Le gouvernement provisoire convoque dans les 24 heures tous les chefs d'atelier, propriétaires d'usines, de fabriques, entrepreneurs, etc., etc.

Ils devront se réunir tous avant midi à l'Hôtel-de-Ville, où un local sera disposé à cet effet.

Ils devront également se munir de toutes les pièces qui peuvent servir à constater le nombre d'ouvriers qu'ils occupaient.

Cette convocation a pour but principal d'empêcher la cessation des travaux de toutes espèces.

Dans cette réunion il sera nommé à la pluralité des voix un délégué pour chaque corps d'état; aussitôt ces nominations terminées, tous les délégués désignés se réuniront dans une salle à part. Le maire de Paris, au nom du gouvernement provisoire, leur donnera connaissance de l'arrêté suivant :

Voulant empêcher la cessation des travaux, et venir en aide à tous les chefs d'établissement industriel, le Gouvernement provisoire décrète :

Vingt-quatre notables par arrondissement seront appelés à former une commission de surveillance dite des travailleurs.

Cette commission devra s'occuper immédiatement de donner au maire de Paris les renseignements les plus précis sur la solvabilité et moralité des chefs d'établissement occupant des ouvriers, afin que le gouvernement puisse au besoin leur faire les avances de fonds nécessaires aux paiements par quinzaine des deux tiers au moins des ouvriers qu'ils occupaient avant la proclamation de la République.

La commission indiquera dans son rapport l'importance des travaux commencés par les fabricants et entrepreneurs, et surtout ceux qu'ils pourraient avoir encore en vue.

Les ouvriers mariés sont ceux qui doivent être conservés de préférence. Le gouvernement de la République appellera dans les rangs de ses armées tous les jeunes gens aptes au service; les célibataires âgés et ceux que des difformités excluraient de l'honneur de servir la patrie, seront également conservés dans leurs ateliers respectifs.

Les heures de travail, le prix des journées ou des ouvrages aux pièces resteraient les mêmes. »

Ce projet ne faisait point l'affaire de nos nouveaux gouvernants; plein de sagesse et de prévoyance, il terminait la tourmente révolutionnaire et fermait les portes à des milliers d'intrigants. Garnier-Pagès le mit sans doute dans sa poche et décréta bien vite qu'il garantissait du travail à toutes les classes d'ouvriers..... Juges, peuple de Paris, des hautes capacité de cet homme qui arriva le premier prendre possession de ton Hôtel-de-Ville !

DEUXIÈME PROJET.

FORMATION DE 24 BATAILLONS DE GARDE NATIONALE MOBILE.

« Le Gouvernement Provisoire décrète :

La ville de Paris appelle immédiatement sous les drapeaux 24 bataillons de garde nationale mobile.

Cette force armée se composera ainsi qu'il suit:

1º De 20 bataillons d'infanterie, dont l'uniforme sera ultérieurement déterminé ;

2º D'un bataillon d'artillerie à pied ;

3º De deux bataillons d'ouvriers du génie ;

4º D'un bataillon d'ouvriers d'artillerie.

Sont aptes à faire partie des 20 premiers bataillons tous les citoyens de 18 à 30 ans.

Les bataillons du génie se recruteront dans tous les corps d'états pouvant être utiles aux travaux militaires.

Le bataillon d'ouvriers d'artillerie sera entièrement composé de charrons, menuisiers en voiture, serruriers, forgerons, limeurs et ajusteurs; tous ces corps d'états fourniront la quantité d'ouvriers nécessaire à former plusieurs ateliers dans lesquels chaque industrie doit être représentée par un nombre fixé.

Tous ces bataillons indistinctement seront commandés par des capitaines pris et choisis dans l'armée active. Il en sera de même des compagnies : elles seront commandées par des lieutenants provenant de nos régiments.

Les lieutenants et sous-lieutenants seront nommés à la pluralité des voix par les gardes mobiles de chaque compagnie. Moitié des sous-officiers et caporaux sera également nommée par l'élection.

Des caporaux et des soldats d'une conduite exemplaire seront désignés par les colonels des régiments pour venir compléter les cadres des sous-officiers et caporaux.

Des adjudants et sous-officiers des corps de l'armée rempliront dans les bataillons les fonctions d'adjudant-major.

La solde des officiers et des sous-officiers est la même que celle fixée par les ordonnances ministérielles, celle des gardes mobiles sera de 60 centimes par jour et deux livres de pain.

Les 24 bataillons seront placés sous les ordres immédiats d'un général de brigade.

Un intendant militaire sera chargé de toutes les dépenses de ce corps.

La ville de Paris nommera une commission qui devra prêter son concours au ministre de la guerre, chargé de la présente organisation, et pour laquelle il s'entendra avec son collègue de l'intérieur. »

Ce projet avait une haute importance. Si Garnier-Pagès s'était donné la peine de le soumettre à la commission de la guerre, il n'y a point à douter qu'elle ne l'eût adopté dans son entier ; j'en laisse juges tous les bons citoyens. Que l'on compare la sagesse de cette organisation à celle acceptée par le Gouvernement Provisoire, et on aura une preuve irrécusable qu'il gaspillait aussi facilement les deniers publics qu'il était prodigue d'absurdes décrets.

La garde mobile, appelée à venir en aide à nos armées en cas de guerre extérieure, n'aurait jamais dû recevoir de solde plus forte que les autres corps ; certainement les jeunes et braves enfants de Paris n'avaient pas l'intention d'être payés, lorsque, dans les journées des 23 et 24 février, ils affrontaient la mort pour conquérir la liberté. Quel a donc été le motif qui engagea le nouveau pouvoir à commettre une imprudence qui devait inévitablement soulever tant de mésintelligence ? Pourquoi accorder une solde de 1 franc 5o cent. à ces jeunes citoyens, tandis que leurs frères de l'armée ne reçoivent tous les cinq jours que 25 centimes? Cette conduite du Gouvernement Provisoire prouve incontestablement que pour lui l'égalité, comme les autres vertus républicaines, n'était qu'un vain mot jeté à la face du peuple pour mieux voiler le fond de sa pensée.

Si l'on avait donné suite au projet que nous venons de soumettre à nos lecteurs, il est bien certain qu'il n'y aurait eu aucune nécessité de licencier aussi promptement des corps dont l'organisation, l'habillement et l'équipement avaient coûté des sommes énormes à l'État.

Ces jeunes soldats devraient être encore aujourd'hui sur nos frontières; là, comme sentinelles avancées de nos vieilles cohortes, ils rappelleraient à l'étranger que notre première République avait aussi pour avant-garde de jeunes volontaires, qui remplaçaient l'expérience par la discipline et une intrépidité à toute épreuve.

TROISIÈME PROJET.

ORGANISATION MILITAIRE
DES COMPAGNIES MOBILES D'OUVRIERS.

Le 26, des promesses sans nombre furent faites aux ouvriers; ils devaient jouir de toutes les béatitudes terrestres, et du train dont on y allait, il s'en est peu fallu qu'on ne leur promît celles de l'autre monde. Malheureusement, une grande partie des travailleurs avait déjà cessé d'écouter la voix de la raison pour n'entendre que celles des discoureurs sans expérience qui tranchaient, à l'aide de belles phrases, la plus difficile de toutes les questions, celle du travail, question qui aujourd'hui encore est à résoudre. Par de brillantes promesses, les ouvriers oublièrent leur propre intérêt pour se livrer à des discussions qui, bien loin d'établir entre eux et leurs patrons un accord tout fraternel, firent naître une désunion tellement grande, que les ateliers se fermèrent généralement.

Il était opportun de s'occuper, sans perdre un seul instant, de cette grande question des travailleurs.

Bien convaincu qu'il n'y avait rien de plus pressé à faire que d'assurer du travail aux masses, qui, tumultueuses et inquiètes, encombraient les abords de l'Hôtel-de-Ville, nous n'hésitâmes pas à soumettre au Maire de Paris notre projet de compagnies mobiles d'ouvriers.

La garde nationale mobile de toute la France devait élever le chiffre de notre armée d'au moins 250,000 hommes; il était urgent de s'occuper du nombreux matériel nécessaire à la réunion de cette masse imposante de citoyens.

En confiant cette fabrication de matériel à 24 compagnies régulières d'ouvriers, on allègerait d'abord les souffrances d'un grand nombre d'hommes ; ensuite on créerait une association qui viendrait puissamment en aide au Gouvernement, en confectionnant à plus de 20 p. 100 de rabais un matériel immense.

Nos 24 compagnies constitueraient 3 bataillons d'élite. La garde nationale mobile, destinée, sans aucun doute, à former des corps d'armée, qui au premier signal seraient réunis sur tous les points menacés de nos frontières, suivie par nos bataillons d'ouvriers, se trouverait à même de faire établir immédiatement toutes les constructions nécessaires à sa sûreté; aucun moyen plus économique ne pourrait être employé par le Gouvernement. Outre ces considérations, ce système apporterait de grandes améliorations dans la position des ouvriers, en les réunissant en corps disciplinés, et en leur assurant des travaux qui trop souvent sont exécutés à leur détriment par des ouvriers étrangers, pauvres travailleurs que le besoin force à accepter les prix des entrepreneurs, si faibles qu'ils soient.

De plus, nous étions intimement persuadés que les compagnies d'ouvriers pouvaient rendre d'importants services, non-seulement sur les frontières à l'heure du danger, mais surtout à la colonisation de l'Algérie ; il aurait suffi, pour en faire l'essai, de joindre à deux cents colons agriculteurs une subdivision d'une compagnie régulière d'ouvriers.

Nous avons dû être bref dans l'exposé de notre projet ; peu habitué à la rédaction, nous avons seulement essayé de faire ressortir clairement combien la réunion d'un grand nombre d'hommes laborieux et disciplinés serait utile à nos armées par leurs travaux et leur instruction militaire, et surtout les résultats heureux que le Gouvernement peut espérer d'un corps mobilisable par petites fractions, composées cependant de tous les éléments nécessaires à l'exécution immédiate de tous les travaux militaires ou de colonisation.

ORGANISATION MILITAIRE DE COMPAGNIES MOBILES D'OUVRIERS.

Les institutions organiques de la France ne peuvent se combiner sur aucune de celles des républiques de l'antiquité. Sparte avait des ilotes, Athènes des esclaves ; la France n'a que des hommes libres qui sont tous égaux devant la loi, et qui doivent fraternellement partager le bien-être national, ou supporter les charges que la mère-patrie leur impose : leur gouvernement est maintenant celui de tous pour tous. La force de la nation réside donc dans le parfait accord du peuple, qui, dorénavant, nous l'espérons du moins, ne formera plus qu'une seule et grande famille.

La République française a déclaré formellement qu'elle voulait vivre en paix avec tous les peuples; que l'esprit de conquête appartenait à d'autres temps et à d'autres mœurs. D'un autre côté, cependant, elle a déclaré qu'elle ferait respecter la volonté des nations qui, comme la France, secoueraient le joug monarchique pour proclamer leur liberté et leur émancipation.

Cette déclaration noble et généreuse rend à la France le rang qu'elle n'aurait jamais dû cesser d'occuper dans la balance politique des États de l'Europe, et que les ignobles traités de 1815 lui avaient lâchement enlevé. Si un gouvernement entièrement militaire ne convient point aux mœurs actuelles, il est cependant nécessaire qu'il se prépare à remplir, non-seulement les promesses faites aux nations de l'Europe, mais au besoin à repousser par la force des armes toute agression étrangère.

Chez un peuple libre, toutes les institutions doivent être basées sur la fraternité; l'économie surtout doit présider à toute innovation. Il faut donc que nos forces nationales soient organisées de manière à être une des créations populaires des plus libérales. Les rangs de nos armées ne doivent plus compter que des frères armés pour défendre des frères, que des citoyens désireux d'assurer à notre patrie une noble et glorieuse tranquillité.

De la formation des Compagnies d'ouvriers.

Depuis longtemps on parle de grands changements à faire subir au système qui, jusqu'à ce jour, a présidé à l'organisation de nos forces militaires; mais ces améliorations sont toujours restées à l'état de projet. Nous avions cependant la Prusse qui pouvait en quelque sorte nous servir de modèle :

ses *landwhert* forment des corps considérables qui, non-seulement ne coûtent rien au gouvernement, mais dont l'organisation toute nationale permet de réunir dans les vingt-quatre heures plusieurs armées ne laissant rien à désirer comme instruction militaire.

La France, plus que tout autre pays, peut facilement organiser un système de défense nationale basé sur le patriotisme de ses enfants. Brave jusqu'à l'intrépidité, le Français possède des qualités grandes et généreuses : confier à son amour pour la patrie le soin de défendre au besoin nos frontières eût été sans aucun doute d'une bonne politique, mais les rois ne sont point patriotes ; par conséquent, ils ne peuvent croire au patriotisme de leurs sujets.

Les souverains descendent au tombeau, les nations seules résistent à la faulx du temps ; c'est donc naturellement à elles seules que la souveraineté appartient. Qu'elles appellent au besoin leurs enfants à leur défense, et bientôt le cultivateur abandonnera le soc nourricier pour saisir l'arme confiée à son patriotisme ; le citadin se joindra joyeusement à l'homme des champs, car, où il y a égalité, la fraternité devient une nécessité. Les jeunes ouvriers sans travaux peuvent être appelés à composer des compagnies d'ouvriers qui, au besoin, marcheront avec les bataillons de la garde nationale mobile.

Ces compagnies seront toujours à la disposition du ministre de la guerre ; elles seront dirigées sur la frontière si le cas l'exige ; alors seulement il leur sera alloué l'équipement de campagne. En temps de paix, elles recevront des travaux ordonnancés par le Gouvernement; ces travaux, exécutés avec rabais de 10 pour o/o sur tout devis adjugé, produiront une économie énorme à l'État.

Tant que ces compagnies seront sédentaires, elles recevront l'instruction nécessaire au maniement des armes et aux évolutions indispensables.

Les instructeurs seront fournis par le ministre de la guerre dans les localités où il y a garnison; dans celles où il n'y aurait aucune troupe régulière, ils seront choisis parmi les anciens militaires faisant partie des compagnies.

De la formation des Compagnies régulières.

Une compagnie se compose de 3 officiers, d'un contre-maître qui prend le titre de sergent-major, 4 sergents, 4 caporaux, 2 tambours, 1 clairon et 87 ouvriers.

Le capitaine commande en chef la compagnie; les attributions du premier lieutenant sont toutes militaires; le lieutenant en second, au contraire, est entièrement occupé de la comptabilité,

Les compagnies se composent de 4 subdivisions [1] commandées chacune par un sergent.

---

[1] Les subdivisions des compagnies seront composées de manière à ce qu'au premier ordre elles puissent se trans-

Chaque subdivision se divise en 2 escouades dirigées chacune par un caporal, auquel il est adjoint un ouvrier de première classe pour l'aider dans le service militaire.

Des Attributions des Sergents.

Les sergents, outre le service militaire, sont spécialement chargés de la distribution de l'ouvrage quotidien ; ils devront veiller :

1° A ce que les ouvriers n'entreprennent aucun autre travail que celui qui leur a été fixé.

2° Ils seront responsables de tous les bois qu'ils auront fait débiter ; ils devront donc surveiller activement les travaux confiés aux ouvriers de leur subdivision, afin d'éviter que ces derniers ne commettent des erreurs qui nécessiteraient de nouvelles fournitures de bois ou de fer.

3° Chaque lundi, un sergent est appelé à faire le service de semaine ; ce service consiste à faire l'appel le matin et à 4 heures. Il devra rendre un compte exact au lieutenant comptable des hommes manquant et de ceux qui, n'étant pas arrivés aux

porter immédiatement sur les lieux où il leur serait désigné des travaux à exécuter Ainsi chaque sergent aura sous ses ordres le nombre nécessaire de serruriers, forgerons, charrons, etc., etc.

heures où commencent les travaux, auraient encouru l'amende fixée par le règlement.

Le sergent de semaine doit surveiller continuellement les travaux qui s'exécutent, maintenir l'ordre et la plus parfaite tranquillité ; il veille aussi à ce qu'aucun étranger n'entre dans les ateliers.

Tout ouvrier qui se sera refusé à exécuter les ordres donnés par un sergent sera immédiatement rayé des contrôles de la compagnie; les caporaux sont également tenus à la même obéissance envers les sergents.

Devoirs des Caporaux.

Ils ont la surveillance sur tous les hommes de leur escouade ; leur service militaire est le même que celui auquel sont assujettis les caporaux de l'armée.

Ils doivent toujours avoir sur eux un contrôle nominatif des ouvriers composant leur escouade ; ce contrôle renfermera dans ses colonnes les noms et prénoms et l'adresse bien exacte des ouvriers qui sont placés sous leurs ordres.

Si la compagnie est détachée, le plus ancien des caporaux remplira les fonctions de fourrier.

Du choix des Ouvriers.

Une compagnie régulière d'ouvriers se divise en

deux catégories : les ouvriers de 1re classe et ceux de 2e classe.

L'ouvrier, pour être placé dans la 1re classe, devra prouver qu'il a, depuis plus de cinq années, son livret de compagnon : tous les visas devront constater une bonne conduite.

Les ouvriers de 2e classe devront certifier qu'ils sont ouvriers depuis plus de six mois; ils devront tous être porteurs d'un certificat signé par le maître chez lequel ils ont été apprentis. Cette signature devra être légalisée par un commissaire de police.

De l'Inscription sur les Contrôles.

Aucun ouvrier ne pourra être inscrit sur les contrôles de la compagnie avant qu'il n'ait pris connaissance du règlement d'ordre et de discipline en vigueur dans l'atelier.

Après lecture faite, il devra déclarer par écrit que ce n'est qu'après avoir pris connaissance dudit règlement qu'il a demandé à faire partie de la compagnie, qu'il promet et s'engage à remplir rigoureusement toutes les formalités d'ordre et de discipline qui y sont en vigueur.

Des Heures de travail et de l'Ordre dans les ateliers.

Les compagnies régulières suivront pour les heures de travail les règlements des arsenaux militaires.

Tout ouvrier qui, après l'appel, sera en retard de plus de cinq minutes, perdra un quart de jour.

L'ouvrier qui prendrait l'habitude de ne pas travailler le lundi, sera rayé immédiatement du contrôle de la compagnie.

Les ouvriers ne pourront, sous aucun prétexte, s'absenter de l'atelier pendant les heures de travail. Aussitôt les ouvriers entrés, le sergent de semaine fermera à clef les portes.

De la Caisse de secours.

Une caisse de secours sera établie dans chaque compagnie ; le Conseil de famille fixera la retenue journalière qui devra alimenter cette Caisse.

Du Conseil de famille.

Le Conseil de famille se compose de cinq membres et d'un président.

La présidence appartient de droit au chef de la compagnie, les cinq autres membres seront choisis ainsi :

Le contre-maître (ce dernier, qui a été choisi parmi les anciens patrons qui ont demandé à faire partie des compagnies régulières, doit naturellement remplir les fonctions de vice-président),

Un sergent,

Un caporal,

Un ouvrier de 1re classe,

Un ouvrier de 2ᵉ classe.

Une seule voix en plus suffit pour établir la majorité.

Des Attributions du Conseil de famille.

Le Conseil de famille dirige toutes les opérations industrielles de la compagnie; il résout sans aucun appel toutes les questions d'ordre et de discipline.

Il préside comme arbitre suprême à l'acceptation ou au refus des prix des travaux qui seront proposés à la compagnie.

Il devient arbitre également dans toutes les difficultés qui s'élèveraient entre les officiers, sous-officiers et ouvriers de la compagnie.

Il a sous sa surveillance immédiate la Caisse de secours et d'épargnes de la compagnie; lui seul décide de la quantité de secours à accorder aux ouvriers blessés ou malades [1].

Le Conseil de famille surveille également la comptabilité de la compagnie, comptabilité exclusivement tenue par le contre-maître.

---

[1] Aucun secours ne sera accordé pour les maladies dont la durée serait moins de sept jours.

Les ouvriers blessés dans une rixe quelconque, ou qui tomberaient malades par suite d'excès de boisson, n'auront aucun droit à réclamer des secours; seront rigoureusement exclus du même droit tous ceux qui seraient attaqués de maladies honteuses.

De la Surveillance du travail.

Tous les travaux exécutés par les compagnies régulières d'ouvriers seront rigoureusement surveillés :

1° Par les officiers et sous-officiers de la compagnie ;

2° Par le génie militaire et les ingénieurs du Gouvernement, qui auront toujours la haute surveillance sur toutes les opérations industrielles des compagnies mobiles d'ouvriers.

QUATRIÈME PROJET

AYANT POUR BUT D'ATTÉNUER LA CRISE COMMERCIALE.

« Le Gouvernement Provisoire invite tous les notables commerçants à se réunir à l'Hôtel-de-Ville, le . . . . afin de s'entendre sur un recensement à faire pour constater le nombre des ouvriers employés par chaque fabricant, et décider l'importance des travaux nécessaires à les occuper pendant au moins trois mois. Une commission sera nommée pour recevoir les déclarations et les marchandises fabriquées. »

Les livraisons ne devaient porter qu'un numéro

d'ordre sans indiquer le nom du dépositaire, afin d'éviter la fraude.

Ces produits auraient été soldés de la manière suivante :

Un tiers comptant, un tiers à trois mois et le dernier à six mois : le tout en bons sur la ville.

Pour effectuer le placement de ces marchandises, le Gouvernement appelait à son aide les commissionnaires de la place ; une prime de cinq p. 100 leur était accordée sur toutes les ventes faites par leur ministère ; dans l'intention de les engager à s'occuper activement de ces opérations, le gouvernement leur abandonnait les bénéfices excédant le prix de revient.

En acceptant ce projet, on eût rappelé les ouvriers dans leurs ateliers, évité de grever l'État d'environ dix-sept millions employés inutilement aux ateliers nationaux.

CINQUIÈME PROJET.

BANQUE HYPOTHÉCAIRE.

Le gouvernement de la République, dès son entrée au pouvoir, trouva la propriété foncière grevée de plus de dix millions d'hypothèques; c'était déjà un mal auquel il devait s'empresser de porter remède. Les intérêts légaux ou usuraires portaient à plus de six millions de francs les sommes à payer. Telle était la position de la propriété foncière; il était devenu impossible à celui qui payait l'intérêt de l'argent de 10 à 12 p. 100 de rembourser la dette sans aliéner le bien : chacun sait que le rapport d'une maison ou d'un jardin n'est tout au plus que de 5 à 6 p. 100, et celui d'une terre labourable de 2 1/2 à 3 p. 100. Il est vrai que le grand et le moyen propriétaire paient un peu moins cher les avances de fonds qui leur sont faites: la raison est que les frais sont répartis sur une plus grande valeur; néanmoins on a observé que tous ceux qui engagent leurs biens finissent presque toujours par se ruiner. Il aurait donc été nécessaire de remédier de suite à cette calamité. Qu'a-t-on fait pour eux? *rien*; pour la fabrique qui souffre? *rien*; le commerce qui se meurt? *rien*; pour les magasins qui se ferment? *rien*; l'ouvrier inoccupé qui languit et succombe écrasé par la misère? *rien, rien* et toujours *rien*, et vous ne voulez pas de réformes! Il faudrait être insensé pour ne pas voir les plaies qui rongent la société, ou être son ennemi pour ne pas vouloir améliorer son sort. Je sais pourquoi vous ne voulez rien faire, votre crainte est d'être entraîné par le torrent; mais apprenez donc à connaître le peuple, le vrai peuple, celui qui compose plus des trois quarts de la société. Exceptons-en les riches fainéants et les ouvriers paresseux, c'est-à-dire pour les premiers, l'homme vivant de ses revenus, ne se rendant en aucune façon utile à son pays, et qui après les révolutions, pendant lesquelles il se tient toujours à l'écart, est le plus âpre à la curée ; par les seconds, j'entends cette classe d'hommes livrés à l'oisiveté et à tous les vices qui en découlent, qui se mettent en avant dans toutes les tourmentes populaires, mus par un sentiment de désordre et de rapine. Hors ces deux catégories, dont la première pousse toujours l'autre, les membres de la société travaillent *tous* à son bien-être, car l'homme dont l'existence est assurée, qui a de l'instruction, de l'intelligence et qui travaille pour la chose publique fait autant que l'ouvrier. Ces deux classes sont, croyez le bien, le vrai peuple, l'élément radical de la société.

Ces pensées ont fait naître les divers projets présentés dès le 25 au Gouvernement Provisoire.

Celui de la banque hypothécaire était une grande amélioration qui eût rejailli sur le commerce.

Voici ce projet :

Le Gouvernement aurait prêté sur tous les immeubles jusqu'à moitié de leur valeur, avec un intérêt de 3 p. 100. Ce n'était plus une charge ruineuse pour l'emprunteur : l'État le mettait à même de rembourser ses prêteurs par des coupons de 50, 100, 200, 500 et 1000 fr., qui, ainsi fractionnés, étaient d'une émission des plus faciles.

Ces bons hypothécaires auraient eu une valeur plus certaine que celle des billets de banque, puisqu'ils étaient garantis par le double de la somme qu'ils représentaient.

L'État, n'ayant point de fonds disponibles n'avançait que du papier, et gagnait cependant 3 p. 100, qui pouvaient l'aider à éteindre la dette publique.

Tous ces remboursements forçaient nécessairement les capitalistes à placer leurs fonds dans l'industrie, qui en avait, comme maintenant, le plus pressant besoin.

Je remis ce projet à Garnier Pagès. Il le parcourut à peine, et s'écria que je voulais faire tomber l'intérêt à 3 p. 100, et par conséquent ruiner le capital.

Voilà l'homme qui avait pris possession du poste de maire de Paris, fonction qui le mettait dans l'obligation de remplir la promesse qu'il avait faite le matin même, celle de donner du travail *quand même* aux classes nécessiteuses. Il s'irrite et se cramponne au char des capitalistes. C'est donc la fortune du prêteur qu'il veut sauver aux dépens de ceux qui souffrent.

Voilà comme ce citoyen comprenait la fraternité et l'égalité..... Mânes du véritable Pagès, vous avez dû tressaillir de douleur et d'indignation!.....

Quant à nous, soyons satisfaits ; nous pouvons dire : Le 24 février, après le combat, le peuple organisa ; les jours suivants ses nouveaux chefs s'empressèrent, par d'absurdes décrets, d'ébranler la société.

SCÈNE D'INTÉRIEUR.

Un Corps-de-garde à l'Hôtel-de-Ville.

(Nuit du 25 au 26.)

—Eh bien! qu'en dis-tu, Ferdinand, de notre journée? En voilà une, j'espère, qui compte au pouce!

—Ne m'en parle pas, mon pauvre Isidore : je crois vraiment que je rêve, ou que j'ai bu trop de petit bleu. Qui diable se serait imaginé hier que nous serions aujourd'hui les maîtres de l'Hôtel-de-Ville, et que Louis-Philippe voyagerait à trois sous par lieue. En voilà un de branle-bas de combat! Nous n'en faisions pas de semblable à bord de l'*Hermione*, et tu peux croire cependant qu'ils s'y faisaient en deux temps et trois mouvements.

ISIDORE. Laisse-nous là ta marine et ses manœuvres, et dis-nous un peu ce que tu crois que nous allons devenir. J'ai toujours eu confiance en ta vieille expérience : tu sais qu'en juillet 1830 tu étais déjà mon chef de file.

FERDINAND. Chut! les amis, ne parlons pas de 1830 : ça me rappelle trop que nous ayons tous été des dindons, et que le père Lafayette nous a rudement enfoncés.

ISIDORE. Eh bien! mon vieux, j'ai quelque chose qui me dit que cette fois il en sera encore de même. Tiens, je n'ai pas de confiance dans tous ces méchants avocats et écrivassiers qui se sont faits Gouvernement Provisoire. En as-tu rencontré un seul avec nous, quand nous faisions le coup de feu?... prends garde de le perdre : ces gens-là, vois-tu, Ferdinand, ce sont tous des ambitieux, qui nous flattent quand ils ont besoin de nous, et qui nous méprisent quand tout est fini. Régarde bien leurs mains, elles n'ont jamais tenu un fusil, et leurs dents n'ont jamais mâché que du jujube. Pauvres petits! déchirer une cartouche... allons donc! c'est bon pour nous, hommes du peuple, qui n'avons qu'une vie de prolétaire à perdre! mais eux, ils se disent des citoyens capables, et nous des cornichons

FERDINAND. Allons, tu déraisonnes, et tu vois toujours des traîtres partout ; moi, j'ai meilleur espoir ; d'ailleurs, la République est proclamée, il n'y a plus à y revenir.

ISIDORE. Oui, ils se sont empressés de proclamer la République ; c'est que vois-tu, mon vieux, il fallait bien proclamer quelque chose qui nous aille; tu sais bien que ces gens-là sont de tous les gouvernements, et que pourvu qu'ils aient des places, ils se moquent bien d'assurer le bonheur du pays. Eux qui ne se battent qu'avec leur langue, ils vont bientôt nous envoyer promener, et la République, ils l'enfonceront comme ils ont enfoncé la Révolution de Juillet.

FERDINAND. C'est ce que nous verrons, nos délégués les surveillent, et au premier signal nous saurons bien les renvoyer brailler au palais; mais sais-tu bien, Isidore, que tantôt, lorsque le citoyen Lamartine a parlé à ceux qui voulaient arracher le drapeau tricolore, il m'a vraiment pris une envie de l'embrasser. Mille bombes! comme il parle, celui-là, et qu'il n'a pas froid aux oreilles! J'étais à côté de lui quand il leur a dit que le drapeau rouge n'était pas celui des vieux soldats de notre Empereur, et qu'il n'en voulait pas. En voilà un qui vous remue les entrailles! Pour lui, j'en réponds.

ISIDORE. Vieux, on voit bien que tu n'es plus que croûte. Lamartine, c'est un blanc; il parle bien, c'est vrai; mais de la République, il n'en veut pas, et je te réponds qu'il ne pense pas ce qu'il dit... C'est cependant, je crois, le meilleur de tous, car les autres, vois-tu, ne sont que des fricoteurs.

FERDINAND. Allons, tais-toi, et attendons pour les juger que nous les ayons vu tricoter. Ils nous ont dit qu'en renversant Louis-Philippe nous déchirions les traités de 1815, nous verrons s'ils tiennent leur promesse.

FIN.